教科書の常識がくつがえる！

最新の日本史

河合　敦

青春新書
INTELLIGENCE

はじめに

誰にでも必ず「あれが人生のターニングポイントだった」と思える出来事が、一つや二つはあるだろう。

もしあのとき、あの場所にいなければ……。あのタイミングで思い切って決断したからこそ……。このように、良きにしろ悪しきにしろ、違う選択をしていたら、あなたの人生は、今とは確実に異なっていたはずだ。

新型コロナウイルスによる肺炎患者が初めて出たとき、徹底的にクラスターをつぶし、海外からの出入りを止めていたら、おそらく台湾やオーストラリアのようにウイルスの制圧に成功し、一万人の日本人が命をうばわれることはなかっただろう。二〇二〇年一月が、日本にとっての大きなターニングポイントだったのである。そして我々は、その分岐点を誤った方向へと進んでしまったわけだ。

これと同じように、歴史にも大きなターニングポイントがいくつも存在し、日本人はその時々で進む道を選んできた。こうした積み重ねによって歴史はつくられているのである。

誰もが知っている大きな事象、たとえば鎌倉幕府の誕生、関ケ原合戦、太平洋戦争といったものは、たしかに転機である。しかし歴史家の目から見ると、これらはいわば「新しくできていた流れの結果」に過ぎない。

その「新しい流れ」をつくる決定的な出来事が、歴史には必ず存在するのだ。それを紹介したいと、本書の執筆を思い立った。

近年の歴史研究の成果はすばらしく豊かで、信頼できる新説が続々と誕生している。

本書では、近年の新説を多く交えながら、あまり知られていないけれどじつはスゴい、真に日本史の画期や分岐点になった出来事を厳選して解説していく。

具体的には、大海人皇子《おおあまのみこ》の吉野降《くだ》り（６７１年）、保元の乱（１１５６年）、享徳《きょうとく》の乱（１４５４年〜）と明応《めいおう》の政変（１４９３年）、大津浜事件（１８２４年）、廃藩置県（１８７１年）、日比谷焼打ち事件（１９０５年）、ノモンハン事件（１９３９年）の七つである。

大海人皇子は命の危険を感じ、天智天皇のもとを去って吉野へ隠棲した。じつは**このとき同伴した女性が、数百年続く律令制度を確立することになったのである。**

保元の乱という朝廷の権力争い。これが、七百年続く武士政権への流れをつくったのだ。

戦国時代の始まりは応仁の乱ではない。東国ではそれより十数年早い享徳の乱、全国的には明応の政変というのが学界では有力になっている。

おそらく多くの方が耳にしたこともないであろう**大津浜事件**。この出来事が尊王攘夷運動を過熱化させ、幕府の倒壊につながったのだ。

廃藩置県――じつはこれ、ごく少数による革命的なクーデターであり、それがあったればこそ、日本は短期間で強国へと成り上がることができたのである。

日比谷焼打ち事件は、日露戦争の講和条約に反発した単なる暴動ではない。参加者は新聞が生み出した暴力的大衆であり、彼らが巨大な政治力を持ったことで、地域に軍隊・警察という暴力装置が浸透し、軍国主義化への道筋をつくったのだ。

そして最後の**ノモンハン事件**。日本軍がソ連軍にボロ負けしたことが、太平洋戦争の引き金となり、日本を破滅させることになったのである。

おそらく、これを読んだだけでは、なぜこの七つが大きなターニングポイントなのかは理解できないだろう。ぜひとも本書を読んでいただき、大いに納得し、誤った選択をすることのないよう、あなたの人生の参考にしてほしいと願っている。

1章　大海人皇子の吉野降《くだ》り（671年）
——約450年続く律令体制の始まり——

《日本史の節目①》

《日本史の節目②》

2章　保元の乱（1156年）

——源氏と平氏の台頭、平氏政権、鎌倉幕府の誕生へ——

3章

《日本史の節目③》

享徳《きょうとく》の乱（1454年）と明応《めいおう》の政変（1493年）

——戦国時代はいつ始まったのか——

《日本史の節目④》

4章 大津浜事件（1824年）

――尊王攘夷論の確立、幕府の崩壊へ――

5章　廃藩置県（1871年）

《日本史の節目⑤》

——一日にして藩が消滅、政治権力は新政府に統一——

6章　日比谷焼打ち事件（1905年）

《日本史の節目⑥》

――大正デモクラシー、本格的政党内閣の時代、軍国主義へ――

7章 《日本史の節目⑦》ノモンハン事件（1939年）

——日本の軍事政策の大転換。太平洋戦争へ——

1章

《日本史の節目①》

大海人皇子の吉野降り（671年）

——約450年続く律令体制の始まり——

奈良・平安時代のおよそ四五〇年間は、律令（法律）制度によって国家が運営された。この仕組みは、大宝元年（七〇一）に大宝律令の制定によって完成されたといわれている。

この律令体制の確立に大きな役割を果たしたのが天武天皇と持統天皇である。天皇に権力を集め律令国家をつくる動きは、隋や唐という強大な統一国家が中国に誕生した六世紀から始まる。とくに乙巳《いっし》の変で蘇我氏を倒した孝徳天皇や中大兄皇子《なかのおおえのみこ》が大化の改新を進めたのは一つの画期といえた。しかし律令体制への移行はスムーズにはいかなかった。

これを急転させたのが、大海人皇子（天武天皇）であった。天智天皇が亡くなると、後継者の大友皇子を壬申《じんしん》の乱で滅ぼし、強大な権力を背景に皇后の鸕野《うのの》讃良《さらら》（後の持統天皇）と律令体制を構築していった。

本稿では、そんな律令国家完成の節目となった「大海人皇子の吉野降り」と壬申の乱、そして天武・持統朝の改革について述べていこうと思う。

『日本書紀』によれば、中大兄皇子は、中臣鎌足《なかとみのかまたり》とともに蘇我蝦夷《えみし》・入鹿《いるか》父子を倒し（**乙巳の変**）、叔父の軽皇子《かるのみこ》を孝徳天皇として即位させて人事を一新、難波宮に遷都して改革（**大化の改新**）を進めたとされる。

❖ 緊迫する東アジア情勢と白村江の戦い

この時期は、まさに東アジアの大変動期であった。

久しぶりの統一国家である中国の隋が六一八年に滅ぶと、群雄割拠の混乱状態になるが、太原《たいげん》の李淵《りえん》（高祖）が力を伸ばして**唐を建国**し、李淵の次男・李世民の活躍でさらに領土は拡大する。李世民（太宗）は、兄で皇太子の李建成を倒して第二代皇帝に即位、六二八年に中国全土を平定した。

唐は首都を長安に置き、律令と呼ばれる法制度を整え、中央集権的な国家体制を築き上げた。

この強大な帝国の出現は、朝鮮半島や日本にとっては大いなる脅威だった。だから隋が滅んだ翌年の六一九年、高句麗はさっそく唐に朝貢している。二年後には新羅や百済も朝貢、朝鮮三国は唐の冊封（唐を宗主国とし従属すること）を受けた。遅れて日本も六三〇年に初めて遣唐使を派遣する。

だが同年、強大化した唐は、高句麗への攻撃を開始したのである。

これにより東アジアに緊迫した情勢が生まれ、朝鮮三国では、国家体制を強化するための政変が相次ぐ。

たとえば六四一年、百済では義慈王《ぎじおう》が子の豊璋《ほうしょう》をはじめ、多くの王族や貴族を追放して権力を強化した。

六四二年には高句麗で淵蓋蘇文《えんがいそぶん》が唐の侵略を防ぐべく、政変を起こして栄留王《えいりゅうおう》や多くの貴族を殺し、自分に権力を集めて宝蔵王《ほうぞうおう》を擁立した。

六四七年、新羅では善徳《ぜんとく》女王を排除しようとするクーデターが起こり、混乱のさなか善徳が死去している。

ここからわかるとおり、六四五年の乙巳の変とそれに続く大化の改新は、東アジア情勢の緊迫に連動した動きだったのである。つまり、**大和政権も朝鮮三国と同様、大帝国唐に対応するため、強大な蘇我氏を倒して権力を天皇に集中させ、改革によって律令体制を構**

築する必要に迫られたのである。

六六〇年、朝鮮半島で驚くべき事態が発生する。百済に十三万の唐軍が攻め込んできたのである。

このとき新羅の武烈王も唐の動きに呼応。唐・新羅連合軍のために百済の首都（泗沘《しひ》）は落ち、義慈王も捕虜となって、**百済は滅亡してしまった。**

しかし、百済の遺臣たちは国の再興をくわだて、さかんに大和政権に援軍を要請してきた。

斉明天皇と中大兄皇子は、これに応じてしまう。百済を復活させて日本の従属国にし、内外に大和政権の威信を誇示しようとしたのだとされる。だが、その選択は決定的な誤りだった。

六六三年、中大兄皇子が渡海させた軍勢は、**白村江《はくそんこう》の戦い**で唐・新羅の連合軍に大敗を喫した。

以後、大和政権は、唐の軍勢が日本に襲来することを想定し、臨戦態勢を保たなくてはならなくなった。九州の重要機関である大宰府《だざいふ》を防衛するために広大な水城《みずき》を構築したり、大野城《おおのき》や基肄城《きいのき》を築いたりした。また、対馬から瀬戸内海沿岸、大和にかけて多数の山城や烽火《ほうか》をつくり、多くの防人《さきもり》（兵士）を配置した。

六六七年には、都を飛鳥から琵琶湖のほとりの近江国大津へ移したが、これは、敵が襲来したさい船で待避するためだとする説がある。

翌六六八年、中大兄皇子は即位して天智天皇となったが、同年、高句麗も唐によって滅ぼされた。この情報は、さらに近江朝（天智政権）を緊張させたに違いない。

❖吉野に放たれた虎

大海人皇子は、舒明天皇と皇極天皇（斉明天皇）の子として生まれた。天智天皇（中大兄皇子）は、大海人の同母兄にあたる。

『日本書紀』によれば、大海人は天智天皇の東宮（皇太子）だったとするが、歴史研究によって皇太子制度はまだ成立していないことがほぼ判明しており、この記述はあまり信用できない。

とはいえ、壮年の皇族が皇位を継承するのが当時の慣例であり、とくに同母弟への譲位は一般的なことだったので、大海人皇子が最有力の皇位後継者だったのは間違いない。
ところが六六八年、大海人皇子を天智天皇が突発的に殺害しようとしたことがあった。天智が酒宴を開いている最中、大海人皇子が長い鎗で敷板を刺しつらぬいたのである。なぜそんなことをしたのかは不明である。酔狂のすえの乱行かもしれないが、この無礼な行為に激怒した天智天皇は、すぐさま弟を殺そうとした。だが、このとき中臣（藤原）鎌足が強く諌めたので、大海人皇子は事なきを得たのである。

いずれにせよ、天智と大海人の両者に何らかの確執があった可能性は高い。一説には、天智天皇が大海人皇子を後継の地位から外そうとしたことが仲違いの原因だとされる。

天智天皇には、大友皇子という第一皇子がいる。まだ二十代前半だったが、聡明で文武に秀で博学であった。どうやらこの頃から天智天皇は、この子を後継者にしたいと考えるようになったらしい。

ただいかんせん、大友の母は伊賀氏出身の采女《うねめ》（宅子娘《やかこのいらつめ》）であった。当時、天皇になるには壮年であり、かつ、皇族か蘇我氏の母を持つことが必須であった。

なのに事件から三年後（六七一年正月）、天智天皇は大友皇子を太政大臣（最高の役職）にすえ、政治の中枢に置いたのである。これは、天智が大友に皇位を譲ることを前提にした措置だと考えられており、だとすれば、明らかにルール違反であった。

だが、この年八月に天智天皇は病にかかり、もはや回復が見込めない状況になってしまう。すると天智は十月、枕元に大海人皇子を招き、「私の病は重い。おまえに後事を託したい」と告げたのである。

けれど大海人皇子は、その要請を断り、「私は多病の身。とてもその任には堪えません。どうか倭女王（倭姫王とも。天智天皇の皇后）を擁立し、大友皇子を皇太子に任じて政治をとらせるべきです。私はあなたのために出家して修行に励もうと思います」と告げ、天智がそれを許すと、そのまま内裏の仏殿の南において剃髪してしまったのである。

じつは、天智天皇と対面する直前、蘇我安麻呂《やすまろ》が密かに大海人皇子に対し「言葉に注意してくださいね」と忠告したという。これを聞いた大海人皇子は、「兄の天智天皇が何かはかりごとを巡らしているのだ」と疑い、このような言動に出たのだとされる。

剃髪後、大海人は自分が持つ武器をすべて国庫に返納し、妻の鸕野讚良と少人数の舎人《とねり》（部下）を引き連れ、大津から百キロほど離れた大和国吉野に入って隠棲《いんせい》した。

大海人が大津宮から去っていくさい、ある人が**「虎に翼を着けて放てり」**と述べたと『日本書紀』には記されている。

ちなみに大海人皇子が吉野を拠点として選んだのは、母の斉明天皇が築いた宮殿があったのと、神武天皇、応神天皇、雄略天皇とも関わりが深かったからかもしれない。ただ、一番の理由は、この地が山に囲まれた要害の地だったからだと思われる。

後年、足利尊氏に捕らわれていた後醍醐天皇も京都から吉野に逃れ、南朝を樹立したことでも立地の良さがわかるだろう。

❖近江朝の滅亡——壬申の乱

同六七一年十二月、天智天皇は四十六歳で崩御した。

それからわずか半年後（六七二年六月）、大海人皇子は吉野で挙兵する。

それは、舎人の朴井雄君《えのいのおきみ》が大海人に次のように告げてきたからだった。

「私が美濃国へ行ったところ、朝廷（近江朝）が美濃と尾張の国司に命じて故・天智天皇の山陵をつくると称して人を集めていますが、人々はいずれも武装しています。事を起こすつもりでしょう。このままでは危ういので、速やかに退避してください」

さらに、近江朝が大津宮から飛鳥まで所々に見張りを立て、なおかつ、食糧を吉野へ運ぶことを遮ろうとしているという情報も入ってきた。

じつは二十数年前、乙巳の変で蘇我氏が滅ぼされると、皇位継承の最有力候補だった蘇我系の古人大兄皇子《ふるひとのおおえのみこ》は、人びとから即位を勧められたがこれを断り、吉野へ入って出家してしまった。なのに、謀反の罪を着せられ、中大兄皇子（天智天皇）に攻め滅ぼされたのである。

いままさに、まったく同じ悲劇が繰り返されようとしていた。

だが、己の窮地を知った大海人皇子は、

「私が皇位後継者の地位を譲って隠棲したのは、病を治して静かに身を全うしようとしたからである。なのに、それすらできずに災いを受けようとしている。どうしてこのまま滅ぼされようぞ」

と、戦うことを決意したのである。

それからの大海人皇子の行動は、まことに迅速だった。密かに準備を整え、六月二十二日に部下の村国男依《むらくにのおより》らを美濃国安八磨《あはちま》へ向かわせて兵を募るとともに、不破の関を押さえ、東山道を遮断させたのだ。

そして二日後の六月二十四日、大海人は后《きさき》の鸕野讃良と、草壁皇子や忍壁皇子《おさかべのみこ》など一族を引き連れ、部下三十余名とともに吉野を密かに脱出した。急いでいたので乗る馬もなく、大海人は徒歩だった。彼らが目指したのは東国であった。この地で兵を糾合して近江朝を倒そうと考えたのである。

すでに急報していたこともあって、大津宮を脱した高市皇子《たけちのみこ》（大海人の長子）が途中から合流してきた。さらにその後、大津皇子《おおつのみこ》も大海人一行に追い付いた。

大海人一行は桑名に到着、その後、大海人は鸕野讃良や草壁皇子、大津皇子らをその地に留め、みずからは不破に入った。このとき、十九歳の若者だった高市皇子が、「私が大将となって兵を率いたい」と名乗り出たので、大海人皇子は彼に指揮権を一任した。

この頃には、二万人を率いた尾張の国司が味方として馳せ参じたうえ、大伴氏も大和国で挙兵、飛鳥を制圧する状況となった。さらに伊賀の軍司や伊勢の国司も大海人軍に合流した。

多くの豪族たちが天智天皇の独裁に不満を持っており、それが爆発したかたちになったようだ。

大海人皇子の挙兵に、不意を突かれた大友皇子はすぐに全国の兵を集めようとしたが、東国については大海人に機先を制せられており、募兵は失敗に終わった。また、西国でも、国司たちに協力を断られてしまう。

やがて不破から高市皇子に率いられた大海人軍、飛鳥からは大伴軍が大津宮へと迫っていった。

そこで大友皇子は自ら出陣し、七月二十二日に瀬田川で大海人の主力軍と戦うが敗れ、翌日、大津宮は陥落、大友皇子はわずかな部下を引き連れ逃亡する。だが逃げた方面にはすでに大海人軍が待ち構えており、ついに山中へ分け入って首を吊って自殺した。場所は天王山の麓だと伝えられる。

ただ、自殺した大友皇子の首は切り離され、三日後に大海人のいる不破に運ばれたとあり、単なる自殺というより、戦いのすえに殺されたり、捕まって殺されたのではないかという説もある。

いずれにせよ、ここに近江朝は滅亡したのだ。この乱は周知のように**壬申《じんしん》の乱**と呼ぶ。

❖『日本書紀』とはまったく違う「鸕野讚良《うののさらら》の野望」説

以上、大海人皇子の吉野降りから挙兵までの経緯、そして壬申の乱について述べたが、あくまでこれは、『日本書紀』に基づいた、いわゆる通説である。

こうした見方に対し、研究者の倉本一宏氏は、まったく違う見解（『戦争の日本史2 壬申の乱』吉川弘文館）を提示している。

大海人皇子の即位は、当時の慣例から言って自明のことであり、大友皇子への譲位はほとんど考えられず、天智天皇自身も、大海人に皇位を譲ろうと考えていたというのだ。

そもそも当時は、即位にあたって群臣の推戴《すいたい》が必要であり、天智の一存で強引に後継者を決めるのは困難だった。これは、多くの研究者が主張するところである。

倉本氏は、順当に大海人皇子が即位したら、次の皇位候補者としては、葛野王《かどののおおきみ》（大友皇子の子）、大津皇子（大海人と天智の娘・大田皇女《おおたのひめみこ》の子）、草壁皇子（大海人と鸕野讃良の子）、鸕野讃良（大海人の后）の四通りしか考えられないとする。しかも、このうち誰が天皇になっても、天智天皇にとっても大海人皇子にとっても悪い選択肢ではないので、大海人がわざわざ吉野に退去する必然性はなかったと断じている。

ならばなぜ大海人皇子は、大津から脱して吉野へ入り、その後、近江朝に挙兵したのか。じつは、その計画を立てたのは大海人ではなく、我が子・草壁皇子を即位させたい鸕野讃良だったというのである。

倉本氏は、「鸕野にとって、大友を倒し、同時に草壁の優位性を確立し、さらには大津を危険にさらすための手段として選ばれたのが、武力によって近江朝廷（というより、異母弟にもあたる大友の政権）を壊滅させること、そしてその戦乱に自身と草壁をできるだけ安全に参加させるということであった。大海人の吉野退去、ひいては壬申の乱自体の積極的な主体者として、ここに鸕野の存在を強調したい」（前掲書）と述べる。

また、挙兵を急いだのは、「倭女王が女帝として即位した後の近江朝廷を倒すというのは、まったく大義名分に欠ける。大友が朝廷を主宰して天智の殯《もがり》が行われている空位期間こそ、絶好のタイミングだった」（前掲書）と説明する。

驚きの新説だが、実際にその後の鸕野讃良（持統天皇）の行動を見ると、その説は十分成り立つように思えてくる。

いずれにせよ、大海人皇子と鸕野讃良は、近江朝（大友政権）に反乱を起こし、その政権を瓦解させたのである。

❖武力で即位し絶大な権力を持った天武天皇の諸改革

こうして大友皇子を打倒した大海人は、戦後一月経って敵の処罰をおこなった。

死罪になったのは右大臣の中臣金《なかとみのかね》ら八人。左大臣の蘇我赤兄《そがのあかえ》をはじめ、大友皇子の重臣や側近、さらにその子孫も流罪となった。

ただし、大半の豪族たちはまったく処分を受けることなく赦され、そのまま大海人の政権に仕えている。

さらにそれから二カ月後、大海人皇子に味方した人びとの論功行賞があった。今回の行動を正当化するためか、「大きな功績のあった豪族たちには、乱終結後も長く、功績を褒めたたえて贈位がなされた。功封・功田の賜与もなされ、子孫にも伝えられた」（義江明子著『天武天皇と持統天皇—律令国家を確立した二人の君主』山川出版社）という。

なお、乱後に大海人皇子は飛鳥に戻り、翌六七三年に飛鳥浄御原宮《あすかきよみはらのみや》で即位して天武天皇となった。

天武がそれまでの天皇と違うのは、武力によって前王朝を倒して皇位についたということである。だから、他の天皇とは比較にならぬほど、その権力は強大であった。この威勢を背景に、天武朝は一気に律令体制を進めていったのである。

天武は**「およそ政《まつりごと》の要は、軍《いくさ》の事なり」**という詔勅を出し、豪族や官人たちに武術の訓練を命じ、馬や兵を蓄えさせた。

その後、「指揮統率用の軍備を豪族から取り上げて収公し、軍団創出の準備を整え」（前掲書）、次の持統朝で諸国の国司に対して「兵士は、一国毎に、四つに分ちて其の一つを点《さだめ》て、武事を習わしめよ」（前掲書）との詔が出され、これがやがて律令体制下の軍団制へとつながっていった。

要は、**天武・持統朝で抜本的な軍制改革の礎が築かれた**わけだ。

天武天皇は、これまでのように豪族を大臣に任じなかった。皇后になった鸕野讚良や高市皇子や草壁皇子など、皇族を中心にすえて政治をとったのである。これを**皇親政治**と呼ぶ。

また、**豪族の私有民（部曲《かきべ》）を廃止し、豪族や寺社の山林や原野を朝廷の所有とした。**そのうえで豪族や寺社に封戸（一定数の戸）からの税収を与えることとし、彼らが朝廷に依存しなくてはならない状況をつくりあげた。

六八四年には、真人《まひと》・朝臣《あそん》・宿禰《すくね》・忌寸《いみき》・道師《みちのし》・臣《おみ》・連《むらじ》・稲置《いなぎ》というあらたな姓を制定（**八色《やくさ》の姓《かばね》**）し、天皇中心とした身分秩序（氏姓制度）に豪族を再編成した。

翌六八五年には、新冠位（四十八階級）制度を制定。**皇族を高位として豪族とはっきり区別し**、豪族を天皇を支える官人（官僚）と規定した。

大王にかわり「**天皇**」号の使用が定着したり、「**日本**」の国号が使用されるようになったのも、この時期のことだといわれる。

また、歌人の柿本人麻呂が「大君は　神にしませば　天雲の　雷の上に　いほりせるかも」（『万葉集』に載録）と天武天皇（持統説あり）のことを歌っているように、「大君（天皇）は神様だから」といった言説も登場し、隔絶した存在としての**天皇の神格化**がなされていった。

さらに天武は、六世紀につくられた『帝紀』・『旧辞』をもとに、国史の編纂に着手する。のちにそれが**『日本書紀』**として七二〇年に成立する。**よく編纂された史書であるが、歴史の改ざんがあるというのは研究者たちの共通見解である。**

勝った者が歴史をつくるというが、壬申の乱についても、反乱によって皇位を簒奪《さんだつ》した天武天皇にとって不都合な史実は消され、あたかも、やむなく立ち上がった義挙のような改変がなされている。

そのほか、『日本書紀』には所々に潤色が見られる。

また、近年判明したのが、**貨幣制度の整備**である。

かつては和同開珎《わどうかいちん》（七〇八年発行）が最古の貨幣とされていたが、七世紀後半の飛鳥池《あすかいけ》工房遺跡から**富本銭**《ふほんせん》が数多く発見され、同じ場所から「丁亥《ひのとい》」（六八七年）の文字のある木簡が出土。これにより、天武天皇の時代に富本銭が鋳造され流通していた事実が判明した。

富本銭は、唐（中国）の開元通宝（七世紀前半）と仕様が一致しているので、この銭をモデルとしたことは間違いないと考えられている。

銭の上下には「富本」という文字が刻印されているが、唐の『藝文類聚《げいもんるいじゅう》』には「富民之本、在於食貨」（民を富ませる本は、食と貨幣にある）という一文があり、おそらくここから引用されたものといわれている（異説もある）。銭の左右には、それぞれ七つの星（点）が並んでいるが、陰陽と五行（木火土金水）の七つを表現しているのだと推定されている（北斗七星とする異説もある）。

天武が富本銭を鋳造した理由については、諸説ある。

新都（藤原京）造営の財源にしようとした可能性も指摘されているが、やはり「国家的威信財・国家を象徴するもの」、つまり「富本銭は対外的に国家の象徴物として発行されたのであり、国内的にも国家の支配を象徴するものとして使用されるようになった」（吉原啓「天武・持統・文武天皇の富本銭発行」『万葉古代学研究年報』第十八号所収）と考えられている。

❖大津皇子の謀反と草壁皇子の死

このように壬申の乱後、唐のような律令国家の形成に邁進した天武天皇だが、それにあたって六七九年、吉野において皇族たちと盟約を交わしている。

同年五月五日、天武は七人の皇族を引き連れて吉野宮に行幸した。従ったのは、皇后の鸕野讃良とその息子・草壁皇子に加え、長男の高市皇子、息子の大津皇子（鸕野讃良の同母姉である大田皇女との子）、川島皇子（天智の次男）、忍壁皇子（天武と宍人大麻呂《ししひとのおおまろ》の娘の子）、芝基《しきの》皇子《みこ》（天智の子）である。

彼らを吉野宮の庭園に集めた天武は、皇子たちに向かって「ここでおまえたちと盟約を結び、千歳の後にも、事が無いようにしたいと思うが、どうか」と述べた。

すると草壁皇子が進み出て、「我が兄弟十余名は、それぞれ母が違います。けれど、天皇の詔に従い、助け合っていこうと思います。もし今後、この誓いに背けば、身が亡び、子孫が絶えてもかまいません。今日の誓いは、決して忘れません」と答えた。

すると天武は、「おまえたちは、私の子供である。それぞれ腹を異にして生まれたが、今後は一人の母から生まれたごとくに思い、おまえたちを慈しもうと思う」そう言って彼らを懐に抱き「この盟約を違えたら、たちまち我が身が滅ぶであろう」と述べたのである。続いて皇后の鸕野讃良も同様に誓いを立てた。

その後、飛鳥に戻った五月十日にも、同じメンバーで盟約がなされたという。天武天皇は、皇子たちが今後、後継者争いをせぬよう、一体感を持たせて団結させ、壬申の乱の二の舞を防ごうとしたのだろう。

先の義江明子氏は、「異腹であっても皇后が『母だ』と擬制することで、天武とならぶ鸕野の地位を誇示し、鸕野を母とする草壁を筆頭に位置づけて、諸皇子が争わぬよううながした」（前掲書）と論じている。

だが、天武天皇が六八六年九月九日に崩御すると、この盟約はすぐに破られた。翌月、大津皇子が謀反を企てたのである。

大津皇子は、天武天皇と大田皇女の間に生まれた子であった。すでに大津の母は死没していたが、もし生きていれば鸕野讃良にかわって天武の皇后になってもおかしくない立場だった。それゆえ、大津皇子は草壁皇子に次ぐ天武天皇の有力な後継者だった。

故・天智天皇にも深く愛され、その容貌も立派で威厳があり、「詩賦の興り、大津より始まれり」と『日本書紀』にあるように、文才があって博学なうえ、武芸も得意だったという。温厚で寛大な性格だったこともあり、豪族たちからの信頼も非常にあつかった。

だが、天武が死ぬと、皇太子の草壁皇子を倒そうと企て、それを川島皇子に密告され、逮捕されたのである。そして翌日大津皇子は、自邸で自殺させられた。二十四歳であった。近臣も三十名ほどがからめ捕られたが、礪杵道作《ときのみちつくり》が伊豆に流罪となっただけで、みな赦免された。

なお、この事件については皇后の鸕野讚良がどうしても我が子・草壁皇子を即位させたいと考え、ライバルとして邪魔な存在である大津を抹殺するために、謀反事件を仕組んだと考える学者も多い。

けれど、大津皇子が死んだ後、すぐに草壁皇子は即位しなかった。

天皇が没した後、皇太子や皇后が即位しないままで政治をとるシステムを**称制**と呼ぶが、**天武の死後、皇后の鸕野讚良が称制をおこないはじめたのである。**

草壁がすぐに皇位を継がなかったことについては、いくつか説がある。主なものとして、草壁が生来病弱であり、健康が回復するまで皇位継承を延ばそうとしたという説。前述のとおり、当時の天皇は壮年（四十歳近く）にならないと即位できない慣例があったので、それまで鸕野讚良が称制をおこなうことにしたのだという説がある。

しかし、大津の死からわずか数年後、草壁皇子は皇位につくことなく、二十八歳の若さで死んでしまった。記録には残っていないが、鸕野讚良は深い絶望の淵に突き落とされたことだろう。

❖鸕野讚良の即位とアマテラス

だが鸕野讚良は幼い孫である珂瑠皇子《かるのみこ》（後の文武天皇）を即位させるべく、中継ぎとして自ら即位したのである。

ただ、これから述べるように、中継ぎではあるものの、彼女の権力は強大だった。やはり、夫の天武天皇とともに吉野へ逃れ、この地から挙兵して壬申の乱に勝利したという経歴は、彼女を他の皇族とは隔絶した存在にしていた。

なお、鸕野讚良の即位の儀は、これまでの天皇とは大きく異なった。義江明子氏によれば、即位のさい、天の神々による祝福の言葉**「天神寿詞《あまつかみのよごと》」**を読み上げたり、群臣が奉じる「天子の鏡剣の璽符」を**「神璽《しんじ》」**と呼んだといい、これにより「神から統治を委任された〈現人神〉」、「天からくだされた神の子孫がこの地上の支配者となり代々皇位を継承」するという神性、天皇の神的権威を普遍化・体系化したとする（『天武天皇と持統天皇―律令国家を確立した二人の君主』山川出版社）。

さらに、**持統天皇は、自分のことを皇祖神であるアマテラス（天照大神）に見立てて珂瑠皇子への譲位を確実にしようとしたという説がある。**

伊勢神宮には、皇族の女性を一人、斎王として奉仕させる制度（天武が創始したという説あり）がある。

当時の斎王は、大津皇子の姉・大来皇女《おおくのひめみこ》であった。だが、持統天皇は大津の謀反が発覚すると彼女を飛鳥に呼び戻し、斎王の制度を停止してしまう。さらに皇位についてから二年後の六九二年、持統天皇は急に伊勢へ行幸すると言い出したのである。

斎王を停止してから十二年目のことであった。

天皇が伊勢神宮に詣でるのはタブーだったため、重臣の大三輪朝臣高市《たけち》麻呂は職を辞する覚悟で強く反対したが、持統は行幸を強行した。

これに関して武澤秀一氏は、「この行幸は、自分がアマテラスとして振る舞うことを伊勢神宮に報告し、あわせてその許しを得るためだった」（『伊勢神宮と天皇の謎』文春新書）という興味深い説を述べている。

武澤氏は、持統天皇が斎王の制度を停止したのは、自分こそがアマテラスであり、「アマテラスは大和におわすのだから伊勢に斎王はいらないし、いたらおかしなことになる」と考えたからだとする。つまり持統は、女帝であることをいいことに、アマテラスになりきり、天孫降臨神話を利用して、孫の珂瑠皇子が天皇に就く正統性を与えたのだというのだ。その証拠として、彼女が退位した翌年、再び斎王の制度が復活しており、それは、再びアマテラスが伊勢に戻ったからだとする。

とても興味深い説だといえる。

付け加えるなら、挙兵して吉野を脱した大海人皇子（天武）と鸕野讚良（持統）は、東国へ向かう途中で、アマテラスを遥拝している。するとこのとき、大津皇子が多数の供とともに到着した知らせが入り、大海人は大いに喜んだ。さらに出立しようとしていると、味方になった美濃国の軍勢三千が不破の街道を封鎖することができたという嬉しい知らせが届いた。

このように、アマテラスは持統にとって、己の力を強める守護神でもあったわけだ。

さて、これに関連して伊勢神宮には、二十年ごとに建物を一新する**式年遷宮**という儀式がある。**これは天武天皇が考案し、その妻である持統天皇のときにはじめて実施されたといわれている。**ただ、どうして二十年ごとに宮を新しくするのか、その理由はよくわかっていない。

建物が清浄なのは二十年が限度なので「ケガレ」を嫌う神のために建て替えるとか、昔は天皇が代わるたびに建て替えたが、在位は約二十年なので、そのサイクルで建て替える慣行が定着したという説がある。

これに関して武澤氏は、持統天皇が藤原京をつくったことと関連しているのではないかと主張する。

六九四年、持統天皇は藤原京に遷都した。この都は、唐の都の都城にならって造営され、宮の周囲に条坊（縦と横の道路で区切られた碁盤目状の区画）を持っている。

持統は、宮の周囲に条坊を持つ都を設け、王族・豪族を集住させたのである。条坊制を有する都は日本初であり、藤原宮には政務や儀式をとりおこなう大極殿や朝堂院が設置された。

近年の発掘の結果、藤原京は定説よりもずっと巨大で、奈良の平城京や京都の平安京をしのぐと考えられている。

「歴代の天皇（大王）は代替わりのたびに王を遷していた」が、持統天皇が恒久的な「藤原京（宮）建設」をしたことで、天皇一代ごとに都を変える「歴代遷宮」は停止されることになった。そこで「歴代遷宮の停止を引き取るかたちで式年遷宮がはじまったのである」（前掲書）と論じる。

武澤氏は「王宮や神社」を新たにつくるのは、それ「じたいに政治的・宗教的意味があったからである。これを新大王がおこなう時、樹立された権力・権威が目に見えるかたちで示されたのである。大王としての政治的権威、そして宗教的権威をあらたにする行為」すなわち「権力・権威の若々しく活力に満ちた新生を意味した」と主張する。

つまり、伊勢神宮の「式年遷宮」は、それ以前の「歴代遷宮」と同じように「権力・権威の新生を視覚化し、社会に最大限アピールし印象づけ」る効果があったというのである。

❖持統天皇の政治と律令国家の完成

持統天皇は、六八九年に**飛鳥浄御原令**《あすかきよみはらりょう》を施行した。すでに天武天皇が律令を制定する命を下しており、その後、制定作業が持統のもとで続けられ、同年、制定・施行となったのである。

律令はいわゆる法律のことで、「律」が今でいう刑法、「令」は国家統治組織や官吏服務規定などを含んだ行政法一般と考えてよい。

四世紀に成立した大和政権は、大王（天皇）を中心とする畿内豪族の連合政権で、長らく氏姓制度と称する仕組みで運営されてきた。「氏」（血縁的組織）の首長である氏上《うじのかみ》が、朝廷から「姓《かばね》」という政権内の地位をもらい、国家運営にたずさわるのである。

しかし大化改新以後、国家の中央集権化がすすみはじめ、遣唐使により唐の「律令」の詳細が明らかにされると、前述のとおり律令制度への切り替えが次第に進んでいた。

わが国初の「令」は、天智天皇が六六八年に制定した近江令だとされるが、その存在を

疑う声は多い。
そういった意味では、この飛鳥浄御原令が本格的な「令」であり、これによって国家や官僚の制度が整ったことはまさに画期的なことだといえる。

翌年には、**庚寅年籍**《こういんねんじゃく》（全国的な戸籍）が作成されている。天智時代に**庚午年籍**《こうご》（六七〇年）がつくられて以後、新たに戸籍はつくられていなかったが、これ以後、戸籍は六年ごとに作成されるようになる。

戸籍の作成は、単に国民を把握できたということに留まらない。この戸籍をもとに、国家が人びとに口分田を貸し与える班田収授法を実施し、そこから税を徴収するようになるからだ。まさに国家にとって、戸籍は大切な基本台帳なのである。

さて、律令の話に戻るが、律と令が共にそろったのは、大宝元年（七〇一）に刑部親王《おさかべしんのう》と藤原不比等《ふひと》によって編纂された**大宝律令**であった。

唐のそれを模倣したといっても、同じ内容をそのまま導入したわけではなく、日本の実情に合うように修正している。たとえば、政治機構の中心をなす太政官の権限を中国より強化したり、神祇官という祭祀機関を、太政官とともに政治機構のなかに併置するといった工夫をしている。

また、官吏の採用には、中国の「科挙」のような厳しい試験制度を設けず、有力者の師弟を無試験で登用している。いうまでもなくコネ採用だ。これによって、貴族の身分は保障されることになった。

このときの天皇は持統ではなく、その孫の文武天皇である。三年前に即位したのだ。ただ、祖母の持統は上皇として健在であり、朝廷の最大実力者として君臨していた。

❖持統天皇の死と藤原氏の台頭

文武天皇はわずか十五歳で即位した。

十代で皇位についた人物は初めてであり、まさに異例のことだった。強権を持つ持統天皇が強引に孫を天皇にしたのは間違いないだろう。

これに協力したのは、藤原鎌足の息子・不比等であった。

ただ、鎌足の息子とはいえ、彼は三十二歳になるまで、公的な記録に一切登場しなかった。十一歳のときに父の鎌足は死んでしまい、壬申の乱のときも十五歳の不比等がどう行動したかはわかっていない。

そんな不比等が頭角をあらわすのは、天武の子である草壁皇子の立太子にあるとされる。研究者の高島正人氏は、

「不比等はこのとき二十四歳、草壁皇子より四歳の年長であった。いつごろからかは明らかではないが、皇子は四歳年長の不比等に心を寄せ、不比等を信任されるようになっていった。おそらく、この立太子により朝政を聴くために助言者を必要とされた皇子自身か、あるいは母の皇后鵜野皇女のいずれかが、皇太子の助言者として不比等を選ばれたのではなかったろうか」（『藤原不比等』吉川弘文館）

と推測している。

なお、土橋寛氏は、鸕野讃良（持統）は不比等同様、百済系渡来人の住む「河内国安宿《あすかべの》郡《こおり》」で養育されており、同郷のよしみから不比等を側近とするようになったのではないかと論じている。

さらに、草壁亡き後、持統天皇は藤原不比等と盟約を結んだと主張する。その内容は、幼い珂瑠皇子（持統の孫。後の文武天皇）を必ず即位させると不比等に約束させ、その代償とし

て不比等の娘・宮子《みやこ》を珂瑠の妻とするというものだったとする。

ちなみに珂瑠皇子が即位して文武天皇となった日、不比等から黒作懸佩刀《くろづくりかけはきのかたな》が献上された。この太刀は、かつて草壁皇子が常用していた宝剣で、草壁は己の死に際して太刀を不比等に手渡し、我が子・珂瑠皇子の将来を託したのである。刀には魂が宿るという。つまりこの太刀は、草壁皇子の魂であった。不比等はそんな大切な刀を預かっており、この日、文武天皇に渡したのである。

同年、不比等の娘・宮子は文武天皇の「夫人」となり、二人の間に生まれた皇子は、後に聖武天皇になる。しかも、その聖武の皇后もまた、不比等の娘・光明子《こうみょうし》だった。

このように、後に藤原氏が天皇と重縁を結んで朝廷で権力をにぎる素地も、この時期に成立したのである。

大宝二年（七〇二）、持統上皇と藤原不比等は、約四十年ぶりに正式な遣唐使を派遣する。このおり、**朝廷は国号を「倭」から「日本」と変えることを正式に唐に承認させた。**

ところで、持統天皇は驚くべきことに、生涯三十二回にわたって吉野を訪れている。早川万年氏は「なぜこれほど多くの吉野行幸がなされたのであろうか。その理由をはっきりと説明することはできないが、吉野が宮廷の人々にとって特別な意味合いを有していたことは間違いない」（『壬申の乱を読み解く』吉川弘文館）と述べている。

私はやはり、持統天皇がこれほど吉野にこだわるのは、大海人皇子と鸕野讃良の吉野降りが、すべての始まりだと持統自身が認識していたからであり、そういった意味でも日本史の大きな画期だと考えている。

吉野降りを機に、壬申の乱を経て強大化した天武・持統両天皇のもとで律令国家日本が確立したのである。

そしてその体制は四五〇年近くにわたって続いていくことになったのである。

《「最新の日本史」がわかる！①原始時代》

「おひとりさま縄文人」や「集合住宅説」が教科書に

原始は、日本史では旧石器時代から弥生時代までの範囲である。

この時期は、発掘によって大きく通説が変わることが多い。

悪い例としては、二〇〇〇年に発覚した**旧石器捏造事件**だろう。これにより前期旧石器遺跡（〜約十三万年前）がすべて教科書から消滅し、明石原人、三ヶ日《みっかび》人《じん》、葛生《くずう》人、牛川《うしかわ》人といった原人や旧人の骨とされるものも、科学的な再分析の結果、間違いだったり怪しかったりして教科書から消えてしまった。

しかし近年は、十万年以上前の旧石器遺跡が発見されるようになったり、沖縄県石垣島の**白保《しらほ》竿根《さおね》田原《たばる》洞穴《どうけつ》遺跡《いせき》**で十九体ほどの二万七千年前の化石人骨が発見されている。

この人骨からＤＮＡの抽出に成功しており、また骨のコラーゲン組成を分析した結果、**海**

のすぐ側で生活しながら海産物を食べる割合が低いことも判明した。こうした最新機器を用いた科学的な分析が、今後の考古学を大きく変えていくだろう。

縄文時代も、近年の研究でずいぶんとイメージが変化した。

縄文人は集落をつくって生活したと考えられてきたが、**ポツンと一軒家に暮らす人びとが少なからず存在した**ことが判明したり、関東・東北地方でよく出土する巨大な竪穴住居跡が、石器などをつくる作業場ではなく**集合住宅（アパート）だという説**が濃厚になり、教科書にも掲載されるようになった。

縄文人の埋葬は遺体を折り曲げる屈葬といわれてきたが、身体を伸ばした伸展葬、顔に甕《かめ》をかぶせる「甕かぶり葬」、遺体を掘り返し骨を再葬する複葬など、**多様な埋葬形態**があることがわかってきた。

たとえば、茨城県取手市の中妻《なかづま》貝塚遺跡からは、百人以上が同時に埋葬された墓所（多数合葬墓）が見つかっている。

弥生時代では、邪馬台国の所在地をめぐる邪馬台国論争は良く知られている。

代表的なのは畿内説と九州説だが、近年、奈良県桜井市の**纒向《まきむく》遺跡**から卑弥呼時代の大型建物跡や遺物が続々と発見され、邪馬台国の候補地としてクローズアップされ、教科書にも有力地として掲載されるようになってきた。

2章

《日本史の節目②》

保元の乱（1156年）

――源氏と平氏の台頭、平氏政権、鎌倉幕府の誕生へ――

保元の乱は日本史の教科書で必ず習う。けれど、登場人物が多く、対立する人名が似通っているうえ、三年後に起こった平治の乱とどう違うのか、よくわからない。だから受験生には非常に不評である。

だが、じつはこの乱こそが日本史の大きなターニングポイントなのである。鎌倉時代初めの歴史書として名高い慈円《じえん》の『愚管抄《ぐかんしょう》』には、次のような記述が見える。

「保元元年七月二日、鳥羽院ウセサセ給テ後、日本国ノ乱逆ト云フコトハヲコリテ後、ムサノ世ニナリニケルナリ」

「ムサ」とは「武者」、つまり武士のことだ。慈円は、保元元年に起こった保元の乱以後、日本は「武士の世の中になった」と明言しているのである。

そこで本稿では、大きく日本社会を変えたとされる保元の乱について、その経緯と歴史的意義について語っていこうと思う。

❖院政――揺らぐ律令制

保元元年（一一五六）七月十日未明に始まった保元の乱は、天皇家と摂関家の権力争いに端を発した武力衝突である。

鳥羽法皇が死ぬと、崇徳《すとく》上皇と後白河天皇は、**治天の君**（天下を治める権力者）の地位をめぐって、それぞれ懇意にしている武士たちを召集した。

崇徳上皇は白河殿に源為義・為朝父子や平忠正らを、後白河天皇は小松殿に源義朝や平清盛らを招いた。戦いは後白河方の夜襲によってあっけなく決したのだが、そもそも対立の原因は何だったのであろうか。

それを述べる前に、まずはこの時期の政治状況について説明したい。

当時は、**院政**が行われていた。

院政とは、天皇が上皇や法皇となって政治の実権をにぎり、国家を支配する政治形態をいう。

それまでの藤原北家《ほっけ》による摂関政治が衰退し、院政が開始されるのは十一世紀も終わりのこと。白河天皇が八歳の息子・善仁《たるひと》親王（堀河天皇）にいきなり譲位し、院庁を開設してここで政治をとるようになった応徳三年（一〇八六）が院政のはじまりだ。

院庁は、院（上皇の御所）に設置された私的機関であったが、上皇の意向を受けて院庁から発せられる院宣《いんぜん》（命令）には絶大な効力があり、朝廷（太政官）はこれに逆らえなかった。つまり、**律令にのっとり朝廷が秩序だって政治を運営する仕組みが大きく崩れたのだ。**

この院政の布石をつくったのは、白河天皇の父・後三条天皇である。後三条の母は摂関家出身ではなかった。

摂関家を外戚としない天皇の誕生は実に一七〇年ぶりのことで、摂関家に遠慮する必要もなく、後三条天皇は次々に思い切った政策を行なった。

そんな後三条天皇の子で、院政を始めた白河上皇は、ルールを無視して勝手に人事を行なったり、寺の落成式が雨で三度中止になったのに腹を立て、雨水を器に入れ獄につないだりと、かなりの横暴ぶりを見せている。

また、「思い通りにならぬのは、賀茂川の水、双六の賽《さい》、山法師（僧兵）だけだ」（「天下三不如意」）と豪語したのは有名な話だ。ちなみに僧兵というのは、大寺院が自衛のため組織した武装僧侶のことである。

白河上皇の力がこのように強大化したのは、一つには、直属の軍事力を所有していたことが大きい。それが北面の武士（院の北側に置いて警備などを行なわせた）と称する、武芸の達人を集めてつくった、いわゆる親衛隊だった。

当時の武士の活躍は、貴族にとってみると、驚くべきものだった。**当時、貴族は例外なく仏教信者であった。**

だから、無理な要求をかかげて都に集団で押しかけてくる僧兵（武装した僧侶）には、仏罰を恐れてなかなか手出しができなかった。このため、無理難題と知りつつも、仕方なく彼らの要求を受け入れざるを得なかった。

ところが武士たちは、平然と僧兵に矢を向けたのである。もともと戦いを生業としていたので、仏罰など気にしていられなかったのだ。だから貴族にとって武士は、非常に勇ましく頼りがいのある存在だった。

そんなわけで、上皇に子飼いの武士たちがいるということが、そのまま上皇や院庁の権威を増大させる要因になっていた。

こうして白河上皇は、堀河・鳥羽・崇徳の三天皇の間、四十三年にわたり「治天の君」と呼ばれ、政界に君臨した。

❖新しくなりつつある「武士はどこから生まれたか」

ところで、武士というのは、どこから生まれてきたのだろうか。登場は、九世紀末から十世紀の初めというのが通説である。

現在、高校の日本史では、武士については次のように教えている。

経済的な力をたくわえた地方豪族や有力農民（富豪百姓）のなかには、自分の土地を守ったり、勢力を拡大するため、武装する者たちが現れてきた。彼らは時に、その軍事力で国司（中下級貴族が任じられる朝廷の地方役人）の支配に逆らったり、国司を襲撃することもあった。そのうえ、徒党を組んで都へ輸送される調や庸《よう》を奪う盗賊まがいの行為をおこなう者たちも出てきた。

このような争いや犯罪行為を鎮圧するために、朝廷は武力に秀でた中下級貴族を押領使《おうりょうし》や追捕使《ついぶし》に任じたり、国司を武装化させたりした。そうした貴族や国司のなかで、現地に土着して、武装化した地方豪族や有力農民たちを家子《いえのこ》（一族）や郎党《ろうとう》（郎等）として従える者たちが登場する。それが、武家の棟梁である。武士たちは互いに争いを繰り返し、時には国司に反抗し、次第に連合したり、統合されたりして、武士団を形成するようになっていった。

ただ、**近年は桃崎有一郎氏の精力的な研究により、その概念が一新されつつある。**

桃崎氏によれば、「武士は、〝武装した有力農民〟〝衛府《えふ》の武人の継承者〟など、一つの集団が発展した産物ではない。違う道を歩むはずだった複数の異質な集団が融合して、どの道とも異なる、新たな発展の道を見出したのが武士だ」とする。

衛府というのは、奈良時代から平安時代にかけて宮城の警備や行幸の供奉《ぐぶ》にあたる役所のことだ。

桃崎氏は、かなりの長い年月をかけて「【貴姓の王臣子孫×卑姓の伝統的現地豪族×準貴姓の伝統的武人輩出氏族（か蝦夷）】の融合が、主に婚姻関係に媒介されて果たされた成果だ」（『武士の起源を解きあかす』ちくま新書）と武士の成立過程を説く。詳しいことを知りたい方は、ぜひ桃崎氏の著書を読むことをすすめるが、いずれにせよ、武士は九世紀後半以降、歴史の表舞台に登場してくる。

代表的なのは、桓武平氏と清和源氏である。

清和源氏は清和天皇の孫である源経基《みなもとのつねもと》を祖とし、桓武平氏は桓武天皇の子孫である高望《たかもち》王を祖とする。

このように二大武士団は、いずれも天皇家の血筋からはじまっている。

じつは、奈良時代から平安時代にかけて皇族が新たに姓を与えられ、家臣の家柄にくだることがたびたびあった。これを**臣籍降下**といい、降下した皇族を賜姓《しせい》皇族と呼ぶ。

その一番の理由は、経費節減だといわれる。皇族にはさまざまな所得を与えなくてはいけないので、朝廷の財政負担を軽くするため、こうした措置をとったようだ。

桓武天皇の第三皇子・葛原《かずらわら》親王も「平」という姓を与えられ、臣籍降下した一人。その子（孫説もあり）・高望王が関東に下り、桓武平氏の祖となったのだ。

一方、清和源氏は、臣籍降下した貞純《さだすみ》親王の子・源経基からはじまる。

❖台頭する伊勢平氏

とくに保元の乱が起こる頃に力をもったのは、桓武平氏の流れをくむ伊勢平氏だった。その始祖は平維衡《これひら》。平将門の乱を平定した平貞盛の子（孫という説もある）で、坂東（関東）から伊勢国北部に拠点を移し、都に出て右大臣藤原顕光《あきみつ》の家人（部下）となった。やがて藤原道長との関係を深めて諸国の国司を歴任、伊勢だけでなく尾張にまで勢力を扶植し位階も従四位にまで上り、八十五歳の生涯を閉じた。

維衡に続く正度《まさのり》、正衡はあまり活躍しないまま世を送るが、次の正盛のときに飛躍する。

永長二年（一〇九七）、正盛は伊賀国の自領を六条院（白河上皇の娘である故・媞子《ていし》内親王の菩提所）に寄進、これを機に白河上皇から北面の武士（院の親衛隊）に抜擢された。以後、白河の寵愛する祇園女御や院の近臣と結んで宮中に勢力を培い、同時に武名をあげた。

院の近臣というのは上皇（治天の君）に寵愛された部下たちのことで、院司（院庁の職員）として政務をになうだけでなく、公私ともに上皇に奉仕した。しかも**地位や位階は関係なく、上皇のお気に入りがその立場にたった。上級貴族もいたが、天皇の乳母や受領《ずりょう》（任地へ赴く国司のトップ）などの中下級貴族が多数を占めたのだった。**

正盛は天仁元年（一一〇八）には源義親《みなもとのよしちか》を討伐している。義親は東北の前九年合戦、後三年合戦を平定し、八幡太郎と呼ばれた義家の嫡男だが、対馬守として赴任したさい、乱暴狼藉を働くようになった。朝廷は義親を捕縛して隠岐島へ配流することにしたが、これを拒否して出雲国に入ったのだ。

そこで嘉承二年（一一〇七）十二月、正盛は追捕使として出雲へ向かい、一月後には義親を誅殺した。以後も正盛は海賊や盗賊の討伐で活躍。白河上皇は正盛を大いに気にいり、正盛が六波羅に建てた私堂に二度も来訪した。

正盛は各地の国守を歴任、従四位下に昇任して死去した。このように正盛は、**院（上皇）と癒着することで朝廷に足場を築いた。**

その子・忠盛も海賊や盗賊の討伐にあたり、その功績で各地の国守を歴任。保延元年（一一三五）には捕まえた海賊の多くを都に連行して貴族たちを驚かせるパフォーマンスを見せた。また、白河上皇が手を焼いていた僧兵の強訴をたびたび食い止める働きを見せ、ついに院の近臣となったのである。

しかも、白河の死後も失脚することなく、そのまま鳥羽上皇の近臣としても仕えた。

通常、院の近臣は上皇との個人的な関係から抜擢されたので、治天の君が交代すると一新されるものだが、忠盛は大変有能だったうえ、その財力を期待されたのだろう。

じつは忠盛は九州で日宋貿易をおこなって巨利を得、その財力で鳥羽上皇のために得長寿院《とくちょうじゅいん》という壮麗な寺院を造っている。

これにより、忠盛は清涼殿の殿上間（天皇の生活空間）への昇殿が許される。こうした貴族を**殿上人**《てんじょうびと》と呼ぶが、ついに武士出身の忠盛はその仲間入りを果たしたのである。位階も正四位上にのぼり刑部卿《ぎょうぶきょう》に就任。いよいよ三位以上の公卿（現在の大臣クラス）となるのも目前となったが、夢が実現する前に五十八歳で死去した。

そしてその跡継ぎが、保元・平治の乱で活躍し、朝廷に平氏政権を樹立する**平清盛**なのである。

❖崇徳上皇の出生の秘密

元永二年（一一一九）五月二十八日、鳥羽天皇の中宮・待賢門院璋子《たいけんもんいんしょうし》が第一皇子を出産した。顕仁《あきひと》親王、のちの崇徳上皇だ。出産を取り仕切ったのは鳥羽の祖父・白河法皇だった。法皇にとって初めてのひ孫（嫡流）で、その喜びが行為となったのだろう。

とはいえ、白河の赤子に対する執着は異常で、妊娠中から何度も璋子を見舞い、出産後の御湯殿の儀式も白河の指示で執行された。

いっぽう父の鳥羽天皇は対照的に初子の誕生に冷淡だった。妻の璋子が不倫してできた子だと確信していたからだ。しかもその相手は、祖父の白河法皇だったのである。

驚くべきことに、不倫関係は鳥羽天皇が待賢門院璋子と結婚する前から続いていた。璋子は権大納言藤原公実《ふじわらのきんざね》の娘として生まれ、幼くして父を失い祇園女御に養育されていた。祇園女御は白河法皇の寵姫である。たまたま祇園の屋敷で七歳の璋子を目にした白河法皇は、あまりの可愛らしさに養女として自邸で愛育することにした。

ふたりの間には四十八歳の年齢の開きがあるが、白河の精力は絶倫であちこちに子どもをつくっていた。

一説には、平清盛も白河の子であったといわれる。

白河は愛人にした璋子を関白藤原忠実《ふじわらのただざね》の嫡子・忠通《ただみち》に嫁がせようとする。しかし、忠実は申し出を拒絶した。二人の関係を知っていたうえ、璋子が藤原季通《すえみち》ら複数の男性と逢瀬を重ねていることが宮中でうわさになっていたからだ。

忠実の返答に激怒した白河は、文書内覧の権限を停止し、翌年、関白を辞職させた。新関白には、忠実の嫡子忠通が就任。忠実は以後、白河が崩御するまで宇治に蟄居《ちっきょ》することになった。

こうして摂関家との縁組が破談した璋子を、白河は孫の鳥羽天皇のもとに入内させ中宮とした。待賢門院璋子は十七歳、天皇より二歳年上であった。

けれどその後も璋子は、白河法皇と密会を重ね、白河の子・顕仁を身ごもったのである。

「人、皆これを知るか。崇徳院（顕仁親王）は白河院（法皇）の御落子云々。鳥羽院（天皇）もその由を知ろしめして、『叔父子《おじこ》』とぞ申さしめ給ひける」

（『古事談』）

不倫は公然の秘密であり、鳥羽天皇は顕仁親王を『叔父子』と呼んで忌み嫌った。形式的には我が子であるが、内実は祖父の子、すなわち叔父にあたるという意味だ。

だが、鳥羽天皇は璋子を遠ざけず、二人の間に六人もの皇子・皇女が生まれたので、彼女を好いていたのは間違いない。

なお、白河法皇は顕仁親王を溺愛し、二十一歳の鳥羽天皇を退位させ、五歳で皇位につけた。それが崇徳天皇である。この幼少天皇のもと、白河は「治天の君」として絶大な権力を握り続けた。だが、いかなる権力者も肉体的限界には勝てず、五年後の大治元年、七十七歳で崩御した。

権力は瞬時に鳥羽上皇へ移行し、院政を開始した鳥羽は、それまでの鬱屈した不満を晴らすかのように人事を一新。法皇に寵愛された人物を次々に退ける一方、璋子を拒否した前関白・藤原忠実を政界へ復帰させた。

❖鳥羽上皇の崇徳への冷酷な仕打ち

鳥羽上皇の璋子への愛は、長承三年（一一三四）ごろから変化する。

原因は、美福門院得子《びふくもんいんとくし》の入内だった。美福門院は、伊予守藤原長実《いよのかみふじわらのながざね》の次女として生まれ、美貌が鳥羽の目にとまり後宮に召し出された。彼女は十七歳で、待賢門院より十六歳若い。鳥羽上皇の寵愛は、急速に璋子から得子へと傾いていった。

待賢門院璋子は五皇子（崇徳を含む）と二皇女の母であり、後宮での地位は安泰に思えたが、美福門院得子は一皇子三皇女を立て続けにもうけた。とくに皇子が生まれたことで、璋子の地位は揺らいだ。

しかも、得子は猛烈な政略家であり、我が子・體仁《なりひと》親王を天皇にしてほしいと鳥羽に執拗にねだったのだ。

鳥羽は願いを許し、生後わずか三カ月の體仁を皇太子に任じ、三歳になると、二十二歳の崇徳天皇を退位させ、體仁（近衛天皇）を皇位につけた。

先述のとおり、院政は、上皇（天皇の実父や祖父）が治天の君として実権を握る政治形態である。だから、**天皇が成人して政治力をつける前に、年少者に交替させるのが慣例だった。**

鳥羽もその法則に則ったわけだが、天皇が幼少でよいのなら崇徳より十歳近く年下の同母弟の雅仁親王や本仁親王でもかまわなかったはず。ましてや崇徳には二歳になる息子・重《しげ》仁《ひと》親王がいたのだから、この幼児を天皇にあてるのが順当だろう。

なのに、わざわざ得子の願いを聞き入れ體仁をすえたのは、**不義を犯した璋子への憎しみ、さらには「叔父子」たる崇徳の血脈を皇統から葬り去るため**だったように思える。

ただ、崇徳に譲位を求めるさい、鳥羽は、體仁が崇徳の養子であることを強調し、體仁の次は重仁を皇位につけることを匂わせた。養子なら皇位を子に譲る形式がとられるので、鳥羽亡き後、崇徳は治天の君として院政をおこなうことができた。さらにその後、実子の重仁を即位させればよい。だからすんなり譲位に同意したのである。

ところが、崇徳が譲位の宣命を見ると、そこには體仁（近衛天皇）のことを崇徳の皇太子ではなく、皇太弟と明記してあったのだ。弟への譲位では、近衛天皇のもとで院政を行うことができない。

つまり、**崇徳はまんまと鳥羽にはめられたのだ。**

翌康治元年（一一四二）、璋子の家来が得子を呪詛したことが発覚、その責任を取る形で璋子は出家を余儀なくされ、三年後、失意のうちに四十五歳の生涯を閉じた。

だが崇徳はじっとこらえ、翌年、鳥羽や得子と同席して流鏑馬《やぶさめ》を仲むつまじく参観している。まだ、自分が治天の君に就ける可能性に期待していたのかもしれない。

久寿二年（一一五五）、近衛天皇が十七歳の若さで早世した。まだ実子はいなかった。となれば、次に即位するのは崇徳の子・重仁親王以外には考えられなかった。少なくとも崇徳自身は、そう思ったはずだ。

ところが、である。鳥羽は、崇徳の弟で二十九歳にもなる雅仁親王を即位させたのだ。得子は当初、雅仁親王の皇子・守仁《もりひと》親王を天皇に推挙した。自分が養育した子だからである。だが、その父である雅仁は皇位に就いていないので、鳥羽はひとまず雅仁を天皇とし、その後すぐに守仁を皇位につけようとしたのだという。いずれにせよ、二十九歳という壮年天皇は、院政百年のなかでは異例中の異例だった。

ただ、「文にも非ず、武にもあらぬ四宮（雅仁）」（『保元物語』）とあるように、暗愚と評判だったので、鳥羽や得子は自分の操り人形になると考えたのだろう。この時点ではまさか雅仁がのちに老獪な後白河法皇として乱世を乗り切ってゆくとは想像できなかった。

ともあれ、**雅仁親王の皇位継承を知って崇徳は失意のどん底に落とされた。これで完全に院政の道を絶たれたからである。**

こうして崇徳の、鳥羽法皇や美福門院得子への憎悪は臨界点に達しようとしていた。

一方でこの時期、摂関家でも騒動が持ち上がっていた。

左大臣の藤原頼長《よりなが》は、前関白・藤原忠実の次男であった。日本一の大学者とうたわれ、その博識ぶりと聡明さは天下に知れ渡っていた。そんなこともあり、父の忠実は頼長を偏愛し、なんと長男の忠通に「おまえの関白職を頼長に譲れ」と迫ったのである。

忠通が拒絶すると、忠実は忠通を勘当し摂関家の「氏の長者」（家督権）を頼長に譲ってしまったのである。氏の長者は一族のリーダーのことであり、たとえば摂関家の場合、膨大な荘園の支配・管理、一族の位階推薦権など絶大な権限を持った。

こうした父の所業に不安を募らせた忠通は、美福門院得子に接近し、鳥羽の信任を得ることに成功する。

かたや頼長は冷遇され、やがて失脚する。そんな彼が寄り付く先が、同じ境遇におかれた崇徳上皇のもとであったことは、いうまでもなかろう。

才智あふれる頼長が崇徳のもとに走ったことで、暗然たる反後白河勢力が誕生した。

保元元年（一一五六）五月、鳥羽法皇は大病に侵され、六月に重篤となった。

それを知った崇徳上皇は六月三日に見舞いに出向いたが、信頼できる『兵範記《へいはんき》』（公家平信範の日記）によれば、面会は拒絶されたのである。

完全に鳥羽・白河方が崇徳を排除しようとしていることがわかる。『保元物語』によれば、この頃、盛んに崇徳謀反の噂がながれ、崇徳方が兵を集めていると記されている。

同年七月二日、ついに鳥羽法皇が崩御した。五十四歳だった。

すると後白河天皇は、鳥羽の遺言にしたがって即日に葬儀を済ませ、五日、鳥羽法皇の遺詔（院宣）により検非違使《けびいし》などの武士たちを屋敷（鳥羽殿）に招いた。こうして平基盛、源義康、平実俊、さらには源義朝などが続々と集まってきた。

❖保元の乱の勃発と終息——大怨霊化する崇徳

招くべき武士のリストは、この事態を予測していた故・鳥羽上皇が作成したといわれ、当初、最大の兵力を擁する平清盛は、これに含まれていなかった。崇徳の皇子・重仁の乳兄弟にあたるから警戒されたのだろう。

しかし美福門院得子が必要と判断し、「故院（鳥羽法皇）の御遺言なり。内裏へ参るべし」（『保元物語』）と偽って清盛を召し出したとされる。

こうして後白河方は、主だった武将を掌握したうえで、七月八日に「忠実・頼長父子が兵を諸国より催し、謀反を企てているとの噂がある。これを中止させよ」と諸国の国司（地方長官）にあてて綸旨《りんじ》（天皇の略式命令）を出した。

ここにおいて崇徳上皇と藤原頼長は、挙兵するほかない状況に追い込まれた。

翌日、崇徳方もようやく本格的に兵を集めはじめた。源為義、源為朝、平忠正らが応じたが、すでに大物は後白河方に参集しており、劣勢は覆い隠せなかった。

七月十日、後白河方は東三条邸を、崇徳方は白河殿を拠点として、互いに屋敷を兵でかため一触即発の態勢に入った。

藤原頼長は、歴戦の兵・源為朝を召して戦略について下問した。為朝は夜襲の決行を進言したが、頼長は却下した。腹を立てた為朝は、「今夜、敵が現れて味方は慌てふためくことになるでしょう」と告げた。

為朝の予想は的中した。

十一日未明、天皇軍がにわかに白河殿に襲来したのである。源義朝を筆頭に、平清盛、源義康が総勢六百騎を引き連れて三方から攻め掛かってきた。小勢の崇徳軍は蹂躙され、殿中には火矢が打ち込まれ、炎が広がった。

為朝は崩れる味方のなかで孤軍奮闘し、この隙に崇徳と頼長は、屋敷を脱した。

だが、頼長は流れ矢が頸にあたり深手を負う。最後に父の忠実に会いたいと家臣の助けを借り奈良の忠実の屋敷の近くまで辿り着いたが、忠実は門を固く閉ざして会おうとしなかった。頼長は憤怒のあまり、舌の先を食いちぎって吐きすてたという。十四日午前十時、興福寺において頼長は永眠した。三十七歳であった。

崇徳は合戦の翌日、知足院（京都市上京区）に近い名もなき僧坊に入り、髪を落として出家し、仁和寺の覚性法親王《かくしょうほっしんのう》（崇徳の弟）のもとへ出向いたが、後白河方に通報され、捕縛された。実弟に裏切られたのだ。

保元の乱での敗者に対する処断は、極めて厳しいものだった。

薬子《くすこ》の乱（八一〇年）以来途絶えていた死刑が三百五十年ぶりに復活し、敵味方に分かれて戦った武士に対し、同族に刑を執行させた。平清盛は叔父の忠正を斬り、源義朝は父の為義と弟五人の頸を刎ねた。

なお、崇徳上皇には遠流が申し渡され、讃岐国松山を経て直島という離島に遷され、許されることなく、九年後の長寛二年（一一六四）八月二十六日に崩御した。四十六歳だった。

死の直前、崇徳は「日本国の大魔縁（大悪魔）となりて、皇（皇室）を取って民（庶民）となし、民を皇となさん」（『保元物語』）と、魔界と契約を結び、己の舌先を喰い破って流れ落ちる血潮で、経典に呪詛の言葉を刻み、荒れ狂う海に沈めたといわれる。

以後、崇徳上皇は怨霊として恐れられ、何か不幸な出来事はみな彼の仕業と信じられるようになった。

❖平治の乱――踏襲された「武力で解決」

保元の乱で勝利した後白河天皇は、息子の守仁親王（のちの二条天皇）に譲位して上皇となり、院政をはじめた。

だが、実質的に政治を牛耳ったのは信西《しんぜい》（藤原通憲《みちのり》）であった。

信西は中級貴族だったが、後白河の乳母の夫だったので院の近臣として権力をにぎった。『中右記《ちゅうゆうき》』には「くだんの人、すこぶる才智あり。一見一聞の事も忘却せず」とあり、『尊卑分脈《そんぴぶんみゃく》』では「諸道に達せる才人なり」と評された。

ただ、保元の乱での過酷な処罰を復活させたのは信西で、こうした峻厳さは政治姿勢にも現れた。荘園整理令を発し、記録所を再興して不法な荘園をチェックし、たとえ高官や大寺社の荘園であっても、容赦なく公収した。また、内裏の造営をはじめたり、都における武器の制止令を出したり、僧兵の削減命令を発したり、宮中の諸儀式や祭礼を復興させせるなど、朝廷の再建に力を尽くした。

この時期、後白河の寵愛を受けて急速に台頭した人物がいる。藤原北家の藤原信頼である。血統が良いこともあり、保元三年（一一五八年）には二十六歳の若さで参議、さらには中納言へと出世した。

すると信西は信頼をライバル視して、以後の昇進を全力で阻止しようと動いたのである。信頼は深く恨み、二条天皇方の藤原経宗《つねむね》や藤原惟方《これかた》らと語らい、信西を殺害しようと企み、源義朝を味方に引き入れた。信頼は武蔵国の知行国主であり、東国の源氏とは深い関係にあったため、義朝もクーデターに協力したという。

こうして平治元年（一一五九）十二月九日夜、平清盛が京都を出て一門と熊野詣へ向かった留守を狙い、信頼に率いられた義朝の軍勢は後白河上皇の三条東殿を包囲し、屋敷に火を放った。

信頼・義朝軍は、飛び出してきた北面の武士を次々と倒し、屋敷内に乱入して片っ端から中にいる人々を殺戮していった。無抵抗な役人や女官まで殺したという。このとき後白河上皇は捕縛され、二条天皇のいる一本御書所《いっぽんのごしょどころ》に幽閉された。

信西の姉小路《あねこうじ》西洞院《にしのとういん》にある邸宅も襲撃されたが、信西はこの動きを察知し、山城国田原まで逃げたが、結局、自害して果てた。すると、その遺骸は掘り起こされ、首は都大路に晒された。

事態を知って都に引き返した清盛は藤原信頼に臣従するふりをし、幽閉された二条天皇を密かに脱出させて自邸に招き入れた。

天皇は清盛に対し、信頼追討の宣旨を与えた。

こうして戦いの正当性を手に入れた清盛は、信頼・義朝軍と戦って勝利したのである。信頼は捕縛されて処刑され、義朝は東国へ逃れる途中で部下に殺害された（平治の乱）。

このように**保元の乱からわずか三年後、再び朝廷内の対立が合戦となり、武力によって解決がはかられた。**

明らかに、保元の乱での決着方法が踏襲されたといえよう。

❖保元の乱というターニングポイント

以上、保元の乱の原因と経緯を詳しく解説し、それに続く平治の乱に触れたが、この両乱は歴史の画期として、日本史の教科書では次のように説明されている。

「この二つの乱に動員された兵士の数はわずかであったが、貴族社会内部の争いも武士の実力で解決されることが明らかとなり、武家の棟梁としての清盛の地位と権力は急速に高まった」

（『詳説日本史B』山川出版社）

さらに別の教科書でも、

「この二つの乱は、貴族内部の争いも武士の力なしでは解決できないことを示し、清盛の中央政界への道をひらいた画期的な事件であった」

（『日本史B 新訂版』実教出版）

とある。まさに日本史のターニングポイントであったわけだ。

ただ、法によらず武力（実力）で解決をはかる自力救済は、ずっと以前から武士の世界では常識だった。東国では激しい戦いが行われ、武士の棟梁は平然と罪を犯した家臣たちを殺害していた。そうした行いは、やがて地方に支配地（荘園）を持つ摂関家などの上級貴族たちにも波及していった。

さらに貴族たちは武士たちと主従関係を結び、彼らを使役して勢力を肥大化させていった。

有名なのは、藤原北家の氏の長者で関白の藤原忠平に従った平将門《たいらのまさかど》であろう。保元の乱の関係者では、関白藤原忠実（忠通と頼長の父）が、乱で処刑された源為義と主従関係を結んでいる。この関係は、氏長者を継承した藤原頼長に継承された。

元木泰雄氏は、保元の乱のさい「崇徳・頼長陣営の中心的な武力となったのは、為義以下の摂関家家人、興福寺悪僧、摂関家領の荘官であった。すなわち、彼らこそは摂関家の私兵にほかならない。後白河側が、ともかくも院政期以来の公的武力動員形態をとったのに対し、崇徳・頼長陣営は摂関家の権門としての武力に依拠していた」と述べ、「保元の乱とは国家権力と権門摂関家との衝突」であり、「国家権力と対抗しうる武力の組織化」が「院の近臣たちに脅威を与え、ついに頼長が挙兵に追い込まれる一因となった」のであり、「保元の乱が、平安時代における従来の政変のように宮廷内陰謀で完結せず、ついに合戦に発展した最大の理由は、この点にこそ存した」（『保元・平治の乱を読みなおす』ＮＨＫブックス）と結論づけている。

元木氏はまた、乱後、「摂関家領を管理・支配してきた暴力装置が解体され」、「国家権力と対抗しうる武力の組織化」した摂関家の力は押さえつけられ、「独自の経済基盤と武力を擁した摂関家の自立性は完全に否定され」、「摂関家の地位は大きく低落」（前掲書）、「王家・摂関家という二大権門に構成されてきた院政期的な政治構造は、保元の乱によって解体された。その後の政治は、自立したかつての院近臣たちが相剋する混迷の時代となった。その中で発生したのが平治の乱だったのである。乱の最中に信西、信頼、経宗・惟方らが相次いで権力を奪いながら、次々と殺され、失脚していった。最終段階でその混迷を超克し、勝利の成果を独占したのが平清盛だった」（前掲書）と述べている。

いずれにせよ、**保元の乱を機に朝廷の争いに武力が持ち込まれ、武士なしでは政権を維持できなくなる。また、摂関家の力もこの乱で凋落する。**

それが平清盛という武士が朝廷に政権を打ち立てるきっかけとなり、その後の武士政権の誕生につながっていったことは間違いないといえるだろう。

《「最新の日本史」がわかる！ ②古代》

八角形の天皇陵、「乙巳の変」、怨霊や祟りが教科書に

古代は、一般的に古墳時代から平安時代の院政期以前までをさす。

仁徳天皇陵を含む**百舌鳥《もず》古墳群**などが世界遺産に認定されたが、天皇や皇族の陵墓は宮内庁が管理し、原則的に調査は認められず、古墳研究が進まない一因になっている。しかも陵墓は、江戸時代から明治初期に学者たちが比定したもので、かなり誤りも多い。たとえば仁徳天皇陵も、本当に本人の墓かどうかわからない。このため考古学界では、古墳は地名で呼ぶべきだとし、教科書では**「大仙古墳（伝・仁徳陵）」**と記されることが多い。

また、本当の天皇陵が発見される場合もある。公園として開放されている**今城塚古墳**（高槻市）は、出土した埴輪の数や形状、推定される年代から**継体天皇の陵墓の可能性が高い**。

さらに近年、**七世紀半ば以降の天皇陵は八角形だと判明、日本史の教科書に載るように**

なった。**八角形は日本独自の形状であり、天皇が他の豪族と隔絶した存在だと誇示する目的があったと思われる。実際この頃から、天皇の神格化が進んでいく。**

六三〇年から始まった遣唐使は、八九四年、遣唐大使に任命された菅原道真の建白によって廃止されたと学校で習ったと思う。

しかし今の教科書には「廃止」ではなく「中止」や「停止」と記されている。

実は朝廷は廃止は決めておらず、とりあえず中止したうえで可否を決めようとしているうちにズルズルと時間がたち、九〇七年に唐が滅亡してしまったのだ。その事実が教科書に反映されたのである。

最近は蘇我氏を滅ぼした事件を大化の改新と呼ばず、近年は**乙巳《いっし》の変**という。大化の改新というのは、乙巳の変後の一連の政治改革のことなのだ。なお、**改新の中心となったのは中大兄皇子ではなく、乙巳の変後に即位した孝徳天皇だという説**が強くなっている。

平城京から長岡京へ遷都した桓武天皇は、十年で新都を捨てて平安京へ遷るが、その理由を、**弟の早良《さわら》親王の祟《たた》りを逃れるためと記す教科書が登場している。**怨霊や祟りが歴史を動かしていたのは事実と、きちんと明記するようになったのだ。

ちなみに平安時代というと、王朝貴族の優雅な生活を思い浮かべるが、遷都から百年もたつと右京は寂れて農地に変わり、群盗が横行するなど治安が悪く、病人を路上に放置したり、糞尿を垂れ流す不潔な都市になった。貴族たちも平然と暴力をふるって人を殺傷した。

今後はこうした実態も教科書に載るかもしれない。

3章

《日本史の節目③》

享徳《きょうとく》の乱（1454年）と明応《めいおう》の政変（1493年）

——戦国時代はいつ始まったのか——

日本史で最も人気がある戦国時代。織田信長や武田信玄、上杉謙信など多くの戦国大名が活躍する群雄割拠の時代、漠然とそんなイメージを持つ方が多いだろう。

この戦国時代という言葉は、十五世紀後半から朝廷の公家たちが、乱れた社会を中国の春秋戦国時代になぞらえて呼ぶようになったのが語源だという。

ただ、その定義は研究者の間でも未だしっかり定まっていない。室町幕府が弱体化して下剋上の風潮が強まり、戦国大名が登場して互いに争った時代というのが、最低限の共通認識といえようか。

さて、戦国時代に突入するのは応仁の乱がきっかけだと、みなさんは学校で習ったのではないだろうか。

しかし近年は地域によって時差があり、東国は享徳三年（一四五四）から始まる享徳の乱から戦国期に入ったと教科書に記されている。また、全国が戦国の世になったのは応仁の乱ではなく、明応二年（一四九三）の明応の政変だというのが、研究者の間で有力になりつつある。

そこで今回は、この享徳の乱と明応の政変について、詳しく語ろうと思う。

りつつある。

❖享徳の乱のきっかけとなった鎌倉府の滅亡と復活

冒頭でも述べたように、戦国時代のはじまりは応仁の乱ではない、というのが常識にな

西国に先がけて東国が戦国乱世に突入しているのだ。

そのきっかけが、**享徳の乱**である。

すでに現在の教科書にも、次のように記されている。

「嘉吉の乱の直後、上杉憲実は幕府首脳にはたらきかけて足利持氏の子・成氏を鎌倉公方にむかえた。しかし、その足利成氏は関東管領上杉憲忠（憲実の子）としだいに対立を深め、1454年、ついに上杉憲忠を謀殺した（享徳の乱）。成氏は、鎌倉を出て上杉勢力を討伐する間に下総古河に居をかまえた（古河公方）。これに対抗して幕府は、1457年、足利義政の異母兄弟足利政知を東国に派遣した。しかし、政知は鎌倉に入れず、伊豆の堀越で一地域の領主とならざるを得なかった（堀越公方）。享徳の乱をきっかけに東国の武士は分裂し、成氏とその子孫と、上杉氏を中心とする勢力との間に30年以上も争乱が続き、東国は他の地域に先がけて戦国の世に突入した」

（『高等学校　日本史B　新訂版』清水書院）

このように、享徳の乱を機に東国が戦国時代に入ったことがはっきりと明記されていることがわかるだろう。

とはいえ、享徳の乱を理解するうえで、いくつもの歴史用語や人名が登場することもあり、この文章を読んだだけでは理解が難しいと思うので、これから丁寧に説明していこう。

まず、享徳の乱の遠因をつくったのは、六代将軍足利義教が鎌倉府を滅ぼした**永享《えいきょう》の乱**にある。

足利義教《よしのり》は、将軍義持《よしもち》（四代）の弟（義教・義昭・永隆《えいりゅう》・義承《ぎしょう》）の中からくじ引きで将軍職についた人物。僧籍にあったこともあり、当初は重臣たちの言うことをおとなしく聞いていたのだが、やがて独裁を志向するようになり、抵抗する守護大名や公家たちを次々に処罰していった。

なんと、その数は七十人に及んだというから恐ろしい。このため、伏見宮貞成親王は、その日記に義教の所業を「万人恐怖」と記すほどだった。

さて、教科書に登場した**鎌倉府**だが、これは室町幕府を創建した足利尊氏が鎌倉に置いた、関東を統治するための出先機関だ。鎌倉府の長官を**鎌倉公方**といい、尊氏の三男基氏の家系が代々就任した。その鎌倉公方を補佐して政務を統轄するのが**関東管領**であり、やはり上杉一族が世襲した。

だが、鎌倉府の権限は次第に拡大し、やがて東北地方も管轄するようになり、ついには京都の室町幕府と対立するまでに勢力が膨張したのである。

とくに四代将軍義持が亡くなり直系が絶えたとき、鎌倉公方足利持氏は、将軍になることを強く希望した。ところが幕府の重臣たちは容認せず、くじ引きによって義教が就いてしまったのだ。以後、持氏はことごとく幕府に反抗的な態度をとるようになった。

こうした状況を危惧して持氏を諫めたのが、時の関東管領の上杉憲実《のりざね》であった。しかし持氏はそんな憲実を憎み、憲実を攻め滅ぼそうとしたのである。

これを好機と捉えたのが、独裁者・義教であった。義教は大軍を派遣して持氏を破り、ついには自害に追い込み、**鎌倉府を滅ぼした**のである。

これが永享の乱だ。

ところが翌年、持氏の遺児である安王丸《やすおうまる》と春王丸《しゅんおうまる》を押し立てて下総の結城氏朝《ゆうきうじとも》が挙兵し、自らの城に立て籠もったのである。すると、これを知った旧鎌倉公方方の武士たちが呼応し、続々と結城城へと馳せ参じたのだ。

このとき上杉憲実は、関東管領の職を弟の清方に譲って伊豆国清寺に隠棲していたが、室町幕府の求めに応じて鎌倉に戻って政務に復帰する。一方、弟の上杉清方は総大将となって数万の軍勢で結城城を囲んだ。

こうして始まった**結城合戦**は、翌嘉吉元年（一四四一）まで膠着状態が続いたが、ついに四月、上杉方の攻城軍が総攻撃を仕掛け、氏朝の敗死によって決着がついた。

これ以後、鎌倉公方方の武士たちの力が弱まり、関東は室町幕府に従順な関東管領上杉氏が実権を握った。だから本当なら、そのまま関東地方は安定するはずだった。

ところが、である。

独裁者の将軍義教が謀殺されたのである。結城合戦の戦勝祝いだと播磨の守護赤松満祐《みつすけ》に誘い出され、酒宴の最中に殺害されてしまったのだ。

新将軍には、わずか八歳の義勝（義教の子）が就いたが、二年後に病死してしまい、その弟の義成（後の義政）が八代将軍となった。このため、**幕府における将軍の権威は一気に失墜することになった。**

当然、こうした京都の政変は、関東に波及することになった。さらに悪いことに、文安元年（一四四四）、関東管領の上杉清方が急死してしまう。

そこで上杉氏の当主に擁立された憲忠（憲実の子）が、文安四年に関東管領を継承したものの、彼はまだ十五歳の少年だった。

こうなってくると、幕府に滅ぼされた鎌倉公方（故・足利持氏）方の武士たちが、がぜん元気づくのは当然だろう。彼らは鎌倉公方の復活を幕府に強く働きかけるようになったのである。

幕府としても、鎌倉公方という象徴的存在を復活させたほうが、関東は安定するだろうと判断し、その要求を認めたのだった。

こうして信濃国にいた持氏の遺児・万寿王丸《まんじゅおうまる》が鎌倉に入り、同年（異説あり）、鎌倉公方に就任した。元服して将軍義成の一字「成」をもらい、成氏《しげうじ》と称した。

かくして鎌倉府が再興されたわけだが、鎌倉公方成氏も関東管領憲忠もまだ十代の若さだったうえ、成氏は個人的に父を殺されたことから深く関東管領上杉氏を恨んでいた。また、鎌倉公方の復活により、十年近く力を失っていた公方方の武士たちが力を盛り返し、かつて没収された所領を実力で奪い返す騒動を各地で起こすようになった。

このように、武士たちの思惑や感情が交錯し、関東は安定するどころか、ますます危うい様相を呈しはじめたのである。

❖享徳の乱の勃発

そんな状況下で、人望のある元関東管領・憲実（憲忠の父）が鎌倉に舞い戻り、若き成氏と憲忠を補佐する体制を構築していたら、関東は今しばらくは静謐であったろう。けれども憲実は、いくらみんなに請われても二度と表舞台に出ようとはしなかった。自分のせいで前公方・足利持氏を自害に追い込んだことを激しく悔いていたからである。

宝徳元年（一四四九）、畠山持国《はたけやまもちくに》が室町幕府の管領（将軍を補佐して幕政をとる職）についた。持国は、鎌倉公方方と親密な関係にあった。このため焦った関東管領上杉氏の重臣・長尾景仲と太田資清《すけきよ》が、宝徳二年四月二十一日、機先を制して五百騎で鎌倉公方の御所へと攻め寄せたのである。

だが、成氏は不在だった。前夜、「上杉方が襲撃してくる」という噂を耳にし、密かに屋敷を脱して江ノ島に逃れていたのだ。これを知った上杉軍（長尾・太田軍）はただちに江ノ島へ向かい、腰越浦で公方軍と衝突した。このおり千葉胤将《たねまさ》、小田持家、宇都宮等綱《ひとつな》らの活躍により、襲来した上杉軍は撃退され、景仲らは相模国糟谷庄《かすやのしょう》（神奈川県伊勢原市）まで撤退した。

ただ、この軍事行動は、関東管領の憲忠に事前に知らされていなかったという。だからといってこのまま憲忠が鎌倉にいたら、公方方に復讐される危険がある。そこで憲忠は七沢山（厚木市）に籠城した。

結局、この江ノ島合戦は幕府が仲裁に入り、上杉憲実の弟・道悦《どうえつ》が駿河国より下向して両者を和解させた。

こうして同年八月、成氏は江ノ島から鎌倉へ戻り、渋っていた憲忠も十月に鎌倉入りした。また、鎌倉公方を殺そうとした長尾景仲と太田資清も、成氏のもとに出向いて謝罪、以後は何事もなかったかのように再び鎌倉府に出仕するようになった。

ただ、戦いに勝利したことで成氏は、上杉方に対し優位に立つようになる。

ところが、また京都の室町幕府の情勢が変わったのだ。

享徳元年（一四五二）、成氏の後援者であった畠山持国が管領職を退任、**細川勝元**が新たに管領となったのである。勝元は親上杉派であり、「今後は関東管領の副状《そえじょう》がなければ、鎌倉公方の申し入れには返事をしない」と成氏に伝達してきたのだ。

こうした情勢の激変を利用し、長尾景仲は上杉持朝《もちとも》（憲忠の義父）とともに密かに上野国《こうずけ》（上杉氏の領国）で兵を集めはじめた。もちろん、成氏を倒すためだ。

焦った公方方の武士たちは、享徳三年十二月二十七日、究極の解決手段に出る。成氏が言葉巧みに憲忠を屋敷に呼び出したのだ。憲忠は疑うことなくわずか二十二人の供を連れただけで、のこのこ成氏のもとへ出向き、結城成朝、武田信長、里見義実といった公方方三百騎の襲撃を受け、あっけなく殺されたのである。まだ、二十二歳だった。

同時刻、憲忠の屋敷も公方方の岩松持国の軍勢が押し寄せ、多数の上杉家臣が討ち取られた。ちょうど憲忠の重臣・長尾景仲は相模国長尾（横浜市）に出向いて不在だった。おそらく鎌倉公方方は、その隙をついたのであろう。

事態を知った上杉方の景仲は鎌倉へと取って返し、憲忠の妻子を上杉持朝の屋敷に避難させた後、上野国で兵を募り、越後国守護で上杉一族の房定《ふささだ》に応援を求めた。

一方、憎き憲忠を屠った成氏は、翌年の正月早々、鎌倉を発って上杉氏の拠点である上野国を目指して北上していった。

これを知ると、長尾景仲も上野国から兵を率いて武蔵国へと南下。成氏の拠る高安寺へ攻めかかった。武蔵国分倍河原、高幡において両軍の激戦が展開され、一進一退の攻防が繰り返されたが、やがて成氏方の結城成朝軍の奮戦によって上杉軍が劣勢に陥り、上杉憲顕、上杉顕房ら上杉一族が敗死すると、ついに上杉軍の敗走がはじまった。

逃げる同軍を追って足利軍は常陸《ひたち》国まで到達、景仲らが籠もる小栗城を包囲した。同城は非常に頑強であったが、成氏みずからが城攻めに加わり、同年五月、ついに小栗城を陥落させた。このおり、長尾景仲は下野国へ逃走した。

この成氏の軍事行動に対し、室町幕府は追討軍を派遣することを決定。長尾景仲の依頼に従い、京都にいる憲忠の弟・房顕《ふさあき》を関東管領に任じ、追討軍の総大将に任じた。

房顕は同年四月、上野国平井城に入った。さらに同月、駿河国守護の今川範忠ら幕府軍が京都を出立、六月には鎌倉へ侵攻し、成氏方の軍勢を撃破して成氏の居所を焼きはらった。

この動きに元気づいた景仲ら上杉軍は、越後から援軍に来た上杉房定らと合流、勢力を盛り返した。十一月には、後花園天皇が正式に成氏追討の綸旨を発した。これにより、鎌倉公方・足利成氏は朝敵となってしまう。

だが、それでも成氏に心寄せる関東武士は多くおり、成氏は下総国古河に御所を定め、その後も上杉勢力と戦い続けるのである。以後、成氏を古河公方と称することにする。

❖関東地方が戦国の世に突入

こうして関東武士の多くは、古河公方の成氏方と幕府方に一族・家臣が分かれて争うようになった。

その代表的な事例を紹介しよう。

古代より下総国に根を張る守護大名・千葉氏である。当主の千葉胤直《たねなお》は当初、公方方に属していたが、やがて関東管領の上杉方に鞍替えする。

しかし重臣の原胤房《たねふさ》はこれに強く反発し、古河公方・成氏の支援を受けて胤直と敵対するようになった。このおり、千葉氏一門の千葉康胤も原胤房に同調、享徳四年八月、ついに合戦に発展する。

当主の胤直は島城、その子・胤宣《たねのぶ》は多古城に籠城したが、最終的に二城は落とされ、二人とも自害して果てた。こうして千葉の宗家は絶えたが、どうにか難を逃れた胤直の甥である実胤《さねたね》・自胤《よりたね》兄弟は、上杉方の助力を得て下総国市川城に入り、原胤房・上杉康胤と敵対を続けたのだった。

室町幕府の将軍・足利義政は、この名族千葉氏の内紛を知ると、**東常縁**《とうつねより》を現地へ派遣した。

これを聞いて、意外に思った読者も多いだろう。なぜなら東常縁は、有名な歌人として高校の日本史で学ぶ人物だからだ。

現在の山川出版社の『詳説 日本史B』にも以下のように登場する。

「古典では『古今和歌集』が早くから和歌の聖典として重んじられ、その解釈なども秘事口伝の風潮のもとで神聖化され、特定の人だけに伝授された。これを古今伝授といい、東常縁によって整えられ、宗祇によってまとめられていった」

そう書かれている。

そんな文化人をどうして千葉氏のもとへ派遣するのか？

じつは東常縁は、千葉氏一族なのである。しかも、奉公衆（足利将軍の直属軍）をつとめる立派な武将だった。それゆえ、千葉氏に内部分裂が起こると、将軍義政から「この争いを解決せよ」という命を受けて東下することになったのだ。

武将としても優れていた常縁は、国分氏や大須賀氏、相馬氏らを従え、古河公方方の千葉康胤を巧みに攻撃してこれを滅ぼし、さらに原胤房も敗走させた。

このとき足利成氏は、騎西城《きさいじょう》の攻撃に手一杯で康胤・胤房のもとに援軍を派遣することができなかった。けれど騎西城を落とすと、成氏は実胤・自胤兄弟が守る市川城へ簗田《やなだ》出羽守ら大軍を遣わし、激しく攻め立てて同城を陥落させた。

これにより、上総、下総、安房《あわ》三国のほとんどが、古河公方方の勢力下に入ったのである。

不利な状況に立たされた関東管領の上杉房顕（殺された憲忠の弟）や家宰の長尾景仲は、挽回策を室町幕府と相談した。その結果、将軍家の足利一族を、京都から関東へ派遣してもらい、新たな鎌倉公方として擁立し、成氏に対抗することにしたのである。

かくして長禄二年（一四五八）夏、足利政知が関東に下向することになった。

政知は、将軍義政の異母兄だった。香厳院主と称する禅僧だったが、還俗して鎌倉公方に任じられたのである。

ただ、政知が関東に下向しても、服属を表明する武士は多数派とならず、関東の中心部にまで入ることができなかった。このため政知は、伊豆の堀越を拠点にせざるを得なかった。これがいわゆる堀越公方である。

ともあれ、**関東には古河を拠点とする成氏と、堀越を拠点とする政知という二人の鎌倉公方が並び立つことになった。**

しかも、その後関東は、さらに複雑な様相を呈するようになる。

扇谷上杉氏の力が増大してくるのである。

関東管領・上杉氏はいくつかの流れに分かれていたが、そのうち山内上杉氏が関東管領の職を独占し、宗家のようになっていた。しかし、扇谷上杉氏の当主が持朝の時代、その家宰に太田道真・道灌《どうかん》父子が現れる。

太田親子は築城に天才的な才能を有し、難攻不落の河越城や江戸城、岩付城などを次々と構築し、武蔵国で古河公方の勢力に対抗するようになったのである。これにより、扇谷上杉の力は強大化していった。ところが、そんな上杉持朝はやがて、堀越公方と対立するようになってしまうのだ。

一方、山内上杉氏では、重臣の長尾景春が、主君で関東管領の上杉顕定（房顕の養子）を上野へ駆逐し、宿敵の古河公方・足利成氏と手を結んだのである。

この景春の乱の平定すべく、扇谷上杉氏の家宰である**太田道灌**が乗り出してくる。ところがそんな道灌も、主君の定正に暗殺されてしまう。

このように、古河公方、堀越公方、山内上杉氏、扇谷上杉氏、山内上杉の家宰・長尾氏、扇谷上杉の家宰・太田氏など、多くの有力者たちが対立と同盟を繰り返しながら、関東地方は混沌状態に陥っていくのである。

この果てしのないループのなかで、突如、巨大勢力が関東に侵入してくる。

それが、**伊勢長氏《ながうじ》（北条早雲）**である。

長氏は駿河国今川氏の客将として興国寺城《こうこくじじょう》を支配していたが、隣国伊豆で堀越公方政知が没し、公方家が弱体化したのを見て、にわかに軍勢を伊豆国へ入れ、政知の子・茶々丸を倒して伊豆国を平らげ、さらに相模国小田原城を奪った。

長氏の子・氏綱は鎌倉幕府の執権に自分をなぞらえ北条氏を名乗り、相模・武蔵へと急激に力を伸ばしていった。三代目北条氏康の時代には、扇谷上杉氏は滅ぼされ、山内上杉氏は関東から駆逐され、古河公方は北条の傀儡となった。

このように三十年続いた享徳の乱によって、関東地方は戦国時代に突入したのである。

❖応仁の乱から明応の政変へ……全国的な戦国時代の到来

日本史の教科書では、応仁の乱について、次のような説明がなされている。

「1467年、細川方（東軍）と山名方（西軍）は武力衝突した。東西両軍は、京都をおもな戦場にして全国の守護大名や国人を集めて戦った。雑兵たちが生活のために足軽として参戦し、離合集散をくり返したので、戦いは1477年の和議まで11年におよんだ（応仁・文明の乱）。この乱は、幕府の権威を失墜させ、享徳の乱とも連動して各地に広がり、日本は戦国時代となった」

（『高等学校 日本史B 新訂版』清水書院）

このように近年は、元号が応仁から文明に変わったこともあり、応仁の乱ではなく、**応仁・文明の大乱**と呼ぶことも多い。ただ、やはりこの乱が日本全土に戦国時代を到来させたという認識であることがわかる。

だが、研究者の間では、応仁の乱が終結してから十六年後に起こった**明応の政変**こそが戦国時代の到来だとする考え方が強くなりつつある。

そこでこれから明応の政変について詳しく述べていくが、まずはこの政変と大いに関係のある応仁の乱の流れを簡単に復習しておこう。

応仁の乱は、幕府の三管領（将軍の補佐役である管領を出す家柄）の一つ、畠山氏一族の戦争から始まった。応仁の乱が勃発する十数年前から、畠山氏は政長派と義就《よしなり》派に分かれて一族・家臣でもめていた。

幕府の実力者である守護大名の山名持豊は、畠山義就を支援し、将軍義政に働きかけて畠山政長の管領職を罷免させた。

すると政長は屋敷を焼き払って上御霊《かみごりょう》神社に陣を敷き、管領の細川勝元に応援を求めた。

しかし勝元はこれに応じず、結局、義就は政長軍に襲撃されて敗退した。
この御霊合戦が応仁の乱の始まりである。

よく、乱の原因は、将軍義政が自分の跡継ぎを弟の義視《よしみ》に決めたのに、義政の正妻である**日野富子《とみこ》**が、我が子（義尚）を強引に将軍にしようとしたためといわれてきた。しかし**近年は将軍家の対立は乱の一因に過ぎないうえ、富子のわがままについては史実的に怪しいと考えられている。**

また、畠山氏だけでなく、三管領の斯波《しば》氏にも家督争いが起こっており、それぞれが幕府の実力者である細川勝元と山名持豊にすり寄っていった。すると、他の守護大名たちも細川方と山名方に分かれ、御霊合戦を機に京都で細川方（東軍）と山名方（西軍）の大戦争（応仁・文明の大乱）へと発展していったのだ。

なお、東軍の細川方には将軍義政と息子の義尚、さらに義視がおり、当初は自軍の正当性を主張していたが、やがて細川勝元と仲違いした義視が西軍に走った。すると山名方は、義視を将軍に奉じ斯波義廉《よしかど》が管領として活動し、西軍大名たちを官職に任じるようになった。このように新たな幕府（西幕府）が誕生したのである。

また、幕府の官僚である奉行人や奉公衆と呼ばれる将軍直属の武士の一部も、西幕府に参加した。

こうして、室町幕府は、義政がいる東幕府と義視を奉じた西幕府に分裂することになったのである。

だが、乱の開始から六年後に大将の山名持豊と細川勝元が相次いで亡くなると、守護大名の多くは国元へ戻り、京都は比較的平穏になったこともあり、文明五年（一四七三）、義政は将軍職を正式に息子の義尚に譲った。

翌年四月には東軍の細川政元（勝元の子）と西軍の山名政豊（持豊の孫）との間で講和が成立した。ただ、その後も京都に在陣する守護大名たちがおり、戦いはだらだらと続いていた。

そんな戦いに終止符を打ったのは日野富子だった。彼女は守護大名たちに金銭を貸し与えたり、領国を安堵したりして、残った大名たちを国元へ返したのである。

こうして文明九年（一四七七）、約十一年にわたって続いた応仁の乱は終結した。なお、義視は息子の義材《よしき》を連れ、美濃の土岐成頼《しげより》のもとに亡命している。

❖日野富子と細川政元……明応の政変へ

こうして、再び室町幕府は統一されたのである。

新将軍の義尚は、若いながら政治に強い意欲を示したが、引退したくせに義政がなかなか権限を義尚に譲渡しようとせず、親子間で確執をくり返していた。

とはいえ、室町幕府が再びしっかり機能しはじめたのは確かである。

つまり、**応仁の乱後に幕府が完全に力を失い、全国が下剋上の世になって戦国大名たちが分国を拡大するために相争うようになったという解釈は正しくない。**

乱の終結から十年後の長享元年（一四八七）、将軍義尚は将軍の権威を高めるため、二万の大軍を引き連れ、反抗的な六角高頼《たかより》を討伐する目的で近江国へ出陣した。

この頃、ようやく義政が本格的に権力を手放し始めており、なおかつ六角征伐に大名や奉公衆といった武士のほか、公家や官僚なども同行し「まるで幕府をそのまま移動させたかのようなこの陣容からも、今回の近江親征が単に征伐を目的としたものではなく、義尚政権の義政政権からの独立・分離を目的としたもの」（大薮海著『列島の戦国史② 応仁・文明の乱と明応の政変』吉川弘文館）と考えられている。

ところが、である。

六角氏征伐は敵の高頼が姿を隠してしまい、なかなか近江の平定も進まず、なんと征討中の長享三年（一四八九）、義尚は二十五歳の若さで病没してしまったのである。酒の飲み過ぎで体を壊したというが、はっきりした死因はわからない。

さて、義尚が亡くなると、日野富子は足利義視の子・義材を将軍にしたいと考えたが、なんと、父親の義政が将軍の座に返り咲いたのである。けれど翌年、その義政も中風によって没してしまった。五十五歳であった。

そこで富子は、また義材を将軍にすえようと動きはじめた。

父親の義視は足利義政・日野富子夫妻から離れて西軍へ身を投じた裏切り者だったが、義材は富子の甥（妹の子）でもあったので、義尚の生前、猶子になっていた。ただ、義尚はまだ二十代半ばで若く、男児が生まれる可能性があったのに、なぜそうした措置がとられたのか、よくわからないが……。

一方、細川勝元の子で幕府の実力者である政元は、清晃《せいこう》を将軍にしたいと考えていた。清晃は、義政の異母兄で堀越公方となった足利政知の子である。数年前、上洛して天龍寺香厳院を継承したが、故・義尚とは従弟の間柄にあたった。

ただ、将軍家における富子の権限は強く、結局、新将軍には義視の子・義材（後の義稙《よしたね》）が就任した。二十五歳であった。

だがしばらくすると、美濃国から義材と一緒に上洛した義視（義材の父）が将軍の後見人として政治を動かすようになり、さらには富子と対立するようになった。

だが、そんな義視も延徳三年（一四九一）正月に死没してしまう。

これにより、将軍義材の力は弱まるかに思えた。しかし義材は同年八月、威勢を回復していた六角高頼を攻めるべく、急に近江へ出陣したのである。

前将軍義尚の遺志を継ぐことを内外に表明するとともに、六角氏を倒して己の権威や武威を上げて求心力を高め、さらには、直属の武士である奉公衆たちに六角氏から没収した土地を与えて結束を固くしようとしたようだ。

さて、この遠征だが、高頼はまたも逃げてしまったものの、義材は園城寺に拠点を置いて戦いを有利に進め、降伏した六角氏の重臣・山内政綱を殺害するなど、六角勢力に大打撃を与えて凱旋したのである。

これに気を良くした義材は、前管領の畠山政長（応仁の乱の原因をつくった人物）を重用し、今度はその政長の願いを聞き入れ、畠山基家（かつて政長と応仁の乱で争った義就の子）の拠点である河内国へ遠征を宣言したのである。

細川政元は近江への出陣も反対していたが、今度の河内征伐も強く反対した。だが、義材はそれを黙殺して河内への遠征を強硬した。

一説によれば、河内平定後、義材は自分の行動にことごとく反対する細川政元を滅ぼしてしまおうと企んだという。

ここにおいて政元は、幕府の元管領という立場にありながら、将軍義材の排除に動いたのである。そうした決意に至らしめたのは、日野富子が政元の味方をしたことが大きいとされる。

研究者の大薮海氏は、「義政・義尚が没した後の日野富子は足利将軍家の事実上の家長であり、義材を後見すべき立場にあった。その富子は、義材が自身の権力強化のために近江国のみならず河内国にまで諸大名を動員し、そのことによって細川政元をはじめとする大名たちと溝を深めている状況をみて、義材に見切りをつけた」（前掲書）と論じている。

将軍義政の正室で、将軍義尚の生母である富子は、足利将軍家で絶大な信頼を集めていた。そんな彼女が手を結んでくれたからこそ、政元はクーデターを決行する決心がついたのだ。

❖明応の政変とその後の大混乱

明応三年（一四九四）四月二十二日、細川政元は突如挙兵し、清晃（足利政知の子）を自分の屋敷に迎え入れ、義材を廃して新将軍にこの清晃を擁立することを宣言した。

これが、明応の政変の始まりである。

ちなみに政元はまだ二十八歳、意外に若いことに驚く。

ちょうどクーデター時、将軍義材は京都を留守にしていた。守護大名や直臣（奉公衆）を引き連れ、河内国内で畠山基家勢を激しく攻め立てていたのである。だから都でのまさかの事態は、青天の霹靂《へきれき》だったことだろう。

このとき、幕府の実力者である元・政所執事の伊勢貞宗も政元の行動に賛同した。

さらに、である。日野富子が自ら政元の屋敷へ参じたのだ。この動きが決定打となり、義材に従い河内で戦っていた守護大名たちさえも、この政変を知ると、続々と陣中から離脱して京都へと戻ってきてしまった。

こうして幕府の実権を握った細川政元は、畠山政長を討つという名目で、将軍義材のいる河内へ大軍を派遣した。結局、戦いに敗れた政長は自殺し、義材も抗しきれずに降伏したのだった。捕縛された義材は、京都に連れ戻されて幽閉された。

同年十二月、還俗した清晃は十一代将軍となった。名前は何度か変えるが、以後は一般的に知られている義澄《よしずみ》と記すことにする。将軍就任時、義澄はまだ十四歳の少年だった。

いずれにせよ、**幕府の家臣によって将軍の首がすげ替えられる時代になったことは、これまでと異なる大きな変化だったが、それだけでは事は終わらなかった。**

その後、身の危険を感じた義材が京都を密かに脱し、故・畠山政長が支配していた越中国放生津《ほうじょうづ》へ入り、さらに諸国の守護大名に細川政元の征討を呼びかけて、北陸の諸大名を糾合し始めたのである。

その後は越前国を拠点として勢力を拡大、上洛を目指して近江国坂本まで攻め上っていったのだった。しかし、戦いに敗れて京都の奪還に失敗、有力大名の大内義興を頼って西国の周防《すおう》へ入った。

ただ、それからも将軍として振る舞い、諸大名にさまざまな命令や通達を発し始めた。

こうして日本に二人の将軍が分立する状況が生まれたのである。

また、新将軍義澄を擁立した京都の室町幕府（細川政元政権）がその後、安定したわけではなかった。

成長した義澄は、自ら政務に意欲を示し始めたのだ。そして、これをおさえようとする政元との間で相剋を生じ始め、ついに文亀二年（一五〇二）、その摩擦に火がついた。

同年、政元が管領を辞めると言って京都から出てしまったり、逆に将軍義澄が腹を立てて寺院に引きこもるなど、二人の確執が大きくなったのである。

ただ、その後は和解して小康状態を保ち続けたものの、五年後の永正四年（一五〇七）、驚くべき事態が出来する。細川家の家督をめぐって政元自身が暗殺されてしまったのである。

すると当然のごとく、周防にいる前将軍義材が元気づき、翌年、西国から軍勢を連れて都に入り、将軍に返り咲いたのである。いっぽう、京都から駆逐された義澄は、京都奪回を目指したが、残念ながら永正八年に病死してしまった。

以上のように明応の政変を機に、将軍家は義材系統と義澄系統に分裂し、守護大名を巻き込んで争いを続けるようになった。

こうした中、**室町幕府の支配力は山城一国にしかおよばなくなり、その実権も細川氏からその家臣の三好氏に移り、さらにその家来だった松永久秀に移っていった。対して地方では、独立した権力である戦国大名が登場し、それぞれが自分の分国を拡張するため相争うようになった。**

戦国大名の出自は、守護大名だったり、守護代だったり、国人だったりと多様だが、いずれにせよ、実力がものをいう時代に大きく変わったのである。

以上、政治権力の変化について見てきたが、じつはこの十五世紀半ばから後半の時期に、庶民階層も大きく変貌をとげる。とくに畿内や西国では、村人たちが団結して**惣村**（自治的村落）をつくり、時には領主に対して**逃散**《ちょうさん》や**土一揆**などで抵抗していった。

嘉吉元年（一四四一）に畿内で起こった**嘉吉《かきつ》の土一揆**では、人々は幕府に徳政令（借金の帳消し命令）を出させることに成功、それ以後、しばしば農民たちは土一揆で徳政を勝ちとるようになる。

さらに文明十七年（一四八五）、国人（武士）や農民などが団結し、山城国南部で争いを続けている畠山義就と畠山政長の両軍を実力で撤退させ（**山城の国一揆**）、八年間、一国の自治をおこなったのである。画期的なことであった。

さらに北陸を拠点としていた浄土真宗（一向宗）の**蓮如《れんにょ》**の門徒たちが、**寺内町**という信者たちの町をつくるようになった。長享二年（一四八八）には、自分たちを弾圧する加賀国の守護大名・富樫政親に対して挙兵し、これを滅ぼしたのである（**加賀の一向一揆**）。

一向門徒たちが目指したのは仏のもとの平等であり、それがゆえに縦の秩序と服従を強要する幕府や戦国大名と相争うようになったのだった。

なお、商人についても、貿易港**堺**などでは豪商たちが町を要塞化し、自治をおこなうようになった。

このように**庶民階層でも下剋上と独立の気風が強くなっていった**ことも知っておきたい。

「イイクニかイイハコ」か。元寇の神風は怪しい？

一般的には平安時代の院政期から戦国時代までを中世と呼ぶ。武士が社会を統治した時代である。

今回は鎌倉時代にしぼって、新説を紹介していこう。

鎌倉幕府の成立は、武家政権をどう捉えるかで学者たちの見解が異なり、定説はない。一般的には源頼朝が征夷大将軍に就いた一一九二年とされていたが、近年は頼朝が平氏を滅ぼし朝廷から守護・地頭の設置などを認められた一一八五年説が有力。とはいえ、一一九二年の教科書表記が消滅したわけではなく、一一八五年と併記されている。

「イイクニつくろう鎌倉幕府」が「イイハコ」に変わったわけではないのだ。

そんな幕府を発展に導いたのが、ご存じ北条政子である。夫である頼朝の死後、尼将軍として権力を振るえたのは、彼女の性格の強さゆえといわれてきた。

だが、研究者の野村育世氏は、次のように政子のような後家の実態を述べている。

「中世の後家は、夫亡き家の家長であり、家屋敷や所領などの財産をすべて管領し、子どもたちを監督し、譲与を行なう、強い存在であった。子供に対しては絶対的な母権をもって臨み、実質的にも精神的にも支配者であった」「後家の場合はしばしば惣領の立場に立った。後家とは、男・女というジェンダー（社会的につくられた性別）の壁を越境し、普段は男の領域とされた公の場に居ることが可能な存在であった」

（『歴史文化ライブラリー　北条政子　尼将軍の時代』吉川弘文館）

中世の後家は、強大な力を持っていたのだ。

鎌倉時代は六つの新仏教（宗派）が起こり、社会に広まったと教科書に記されている。

だが、そうした事実はなく、発展したのは幕府の保護を受けた臨済宗だけで、圧倒的に旧仏教が影響力を持っていたし、この時代にはもっと多くの宗派が勃興している。

鎌倉新仏教は、室町時代に飛躍的に発展し、江戸時代にまで残ったものをそう呼んだだ

けなのである。

近年、一冊だけ正確な見解を記した日本史教科書が登場してきた。

元寇（蒙古襲来）では二度（**弘安・文永の役**）とも神風（暴風雨や台風）が吹いてモンゴル軍が撃退されたと伝えられてきたが、近年、弘安の役時の神風は怪しいとされる。

ただ、**定説はない。**

このため各社の教科書も撤退理由が「威力偵察に来ただけ」「元軍の内部対立のため」「元軍の士気の低さ」「日本軍の強さ」などバラバラなのである。

4章

《日本史の節目④》

大津浜事件（1824年）

——尊王攘夷論の確立、幕府の崩壊へ——

江戸幕府が瓦解する道筋をつくったのは、長州藩であることは論をまたない。尊王攘夷を叫んで幕府の開国方針に異をとなえ、弾圧を受けても決して屈せず、やがて倒幕運動へと舵を切り、ついに明治維新を招来したからだ。

長州藩の政治運動をになったのは、久坂玄瑞、高杉晋作、伊藤博文、山県有朋らである。いずれも松下村塾の吉田松陰から尊攘思想を学んで感化された若者たちであった。

松陰がこの思想に傾倒したのは、水戸の地で会沢正志斎《せいしさい》に会ったからである。じつはこの会沢が、尊王論と攘夷論を融合し、尊王攘夷論を生み出したのだ。松陰は正志斎と意気投合し、彼が説く尊攘論に感激して志士となったのである。

では、なぜ会沢は尊王攘夷という新たな概念を生み出したのだろうか。

それは、文政七年（一八二四）の大津浜事件がきっかけだった。

そこで今回は、明治維新へのターニングポイントになったこの事件について詳しく紐解いていこう。

❖なぜ水戸藩で尊王論が定着したのか

「天皇（王）は貴い存在である」という考え方を尊王論と呼ぶ。

「尊王斥覇《そんのうせきは》」という古代中国の思想から来ており、「武力で支配する覇者より、徳によって世の中をおさめる王者が偉く、尊ばれるべきである。対して覇者は排斥されなくてはならない」という理論だ。

中国の宋代に成立した朱子学（宋学）は、その教えに尊王論を含むとともに、大義名分論といって「君臣の別」を厳しく説いた。「君主（王）に対し、臣下は絶対的な忠誠を尽くすべき」という考え方だ。

この朱子学が禅僧を通じて鎌倉時代に日本に入ってくると、後醍醐天皇が影響を受け、「覇者である将軍（幕府）を倒し、王である自分が世を統治すべき」と考えて倒幕運動をおこし、建武の新政を実現したという。ただ本格的に支配階級の武士に尊王思想が広まっていくのは戦国時代のことだった。

戦国大名たちが儒者を抱え、家臣たちが逆らわないように朱子学など儒学を浸透させ、君臣の別や秩序の大切さを教え込もうとしたのだ。徳川家康も朱子学者の**林羅山**《はやしらざん》を招いている。

以後、代々林家が幕府の教学として朱子学を講じ、同家の私塾は五代将軍綱吉のときに孔子廟とともに湯島に移されて聖堂学問所となり、幕臣の子弟の多くが朱子学を学ぶようになった。

江戸初期、名君と呼ばれた大名も競って朱子学者をブレーンとして招き、儒教を領内へ定着させようとした。会津藩主保科正之に重用された山崎闇斎《あんさい》、水戸藩主徳川光圀に招かれた朱舜水《しゅしゅんすい》、加賀藩主前田綱紀に登用された木下順庵《じゅんあん》などは、その代表である。

いずれにせよ、**朱子学が浸透したことで、武士にとって「天皇は貴い存在」という考え方は常識となった。**

もちろん、**江戸幕府も尊王論を肯定した。**なぜなら、徳川家の当主が天皇から征夷大将軍に任じられ、幕府（武家政権）を運営する形式をとっているからだ。つまり、天皇をないがしろにすることはすなわち、幕府を軽んじることにつながるのである。

さて、中でも水戸藩は、尊王思想が非常に強いお国柄であった。その基盤をつくったのが、第二代水戸藩主徳川光圀だ。光圀が尊王論を信奉するようになったのは、伯父で尾張藩祖・徳川義直の影響だといわれている。

義直は、篤く儒教を信奉した。一方で将軍家光との間で確執を抱えていた。

寛永十一年（一六三四）、家光が大軍を率いて上洛するにあたり、義直は大金をはたいて名古屋城内に御殿を建造した。だが、往路は立ち寄ったものの、復路は名古屋城に入らずに江戸へ戻ってしまったのである。「義直が家光を殺そうとしている」という噂が立ったからだという。

じつは前年、家光の病が重いと知った義直は、すぐに名古屋から江戸へ向かった。ところが到着すると、幕閣が「なぜ参府したのか」と詰問してきたのだ。これに義直が激怒したことで、家光との間に確執が生まれ、それが今回、家光が風説を信じて名古屋を避けた理由だったようだ。腹を立てた義直は、江戸への参勤を渋るようになった。

そんなあるとき、紀伊藩祖・徳川頼宣《よりのぶ》（義直の異母弟）が参勤の途中に名古屋に立ち寄り、義直と会見し「ぜひ参勤したほうがよい」とすすめた。すると義直は、「このような疑いを受けて参勤してもつまらない。この城は父・家康公からいただいたもの。家光が私をとがめるというなら、この城を枕に戦い、腹を切る覚悟だ」と謀心を漏らしたのだ。

この逸話は『義公遺事』に掲載されている。徳川光圀の逸事をまとめた書だ。

著者の中村篁渓《こうけい》は水戸藩の儒者で、光圀に近侍していた。だからこの話も、光圀が篁渓に語ったものだろう。　光圀は義直を敬愛していたので、当人から直接話を聞いた可能性が高い。

なお、義直の気持ちを聞いた頼宣は、「あなたが江戸に行かないと、我々もここを動けません。共に江戸へ参りましょう」と強く説得したため、ようやく義直も参勤に同意した。

こうして義直は江戸で家光と対面したが、そのおり家光は、「尾張殿が遅参するという噂を耳にしていたのだが、予定通り到着してなによりだ。もしも参勤が延引するようなら、私が直々に藩領までお迎えに参ろうと思っていたところだ」と述べたという。

これは強烈な嫌みであり、「自分に逆らえば名古屋を包囲して城を攻め潰してくれるぞ」といった恫喝を多分に含んだ言葉であった。

ところで義直は、朱子学を好み、多くの書物を著したり編したりしているが、そのなかの一冊『軍書合鑑』の巻末に、「王命に依って催さるる事」という謎の言葉を記している。「王命」とは天皇の命令。つまり「日本は、天皇の命によって運営されるべきだ」という意味に解釈できる。

江戸幕府は、天皇から徳川の当主が征夷大将軍に任命され政治を一任される建前をとっているが、実態は家康が武力で立ち上げた軍事政権である。先の「尊王斥覇」論を当てはめるなら、王は天皇、覇者は徳川氏ということになる。

義直は儒学を学ぶなかで尊王論に傾倒し、幕府（徳川政権）を邪道と考えるに至ったのではなかろうか。だから家光が大軍を率いて朝廷を威圧するという行為についても、嫌悪感を感じたことだろう。さらに家光との対立が高じるなかで、ますます義直は「王命に依って催さるる事」という気持ちを強くしていったと思われる。

光圀がこの思想を受け継ぎ、水戸藩内に広めていった背景には、五代将軍綱吉との関係があったと思われる。光圀は生類憐みの令など綱吉の政策に批判的であった。そのため藩主引退に追い込まれたといわれているからだ。

そんな光圀は、彰考館（歴史編纂所）をもうけ、『大日本史』と称する壮大な歴史書の編纂に取り組んだ。この事業は年を追って大々的になり、ついには藩予算の三分の一を費やすようになる。しかも『大日本史』の史観は、尊王思想によって貫かれているのだ。

先述のとおり、尊王論は武家の一般常識であったが、**水戸藩のそれが他と異なるのは、極端に朝廷を重視し、逆に幕府を軽視したことである。**

一説によれば光圀は、元旦に朝廷のある京都に向かって拝賀する儀式を長年続け、常々部下に対して、「主君というのは天皇のことであり、徳川将軍家は我が宗家に過ぎぬ」と語っていたという。

『大日本史』の編纂事業は、光圀の死後も水戸の歴代藩主に受け継がれ、尊王思想も藩士の間に水戸学として深く浸透していった。

❖大津浜事件……何が起きたのか

そんな尊王論の盛んな地域が、文政七年（一八二四）、にわかに外患に見舞われた。

同年五月二十八日、水戸藩の家老・中山備前守の支配地である大津浜（北茨城市大津町）に異国船二隻が現れ、そのうち一隻から短艇四隻が降ろされ、浜辺に着岸した二隻から十二人の異人が上陸してきたのである。

彼らは鉄砲や銛《もり》、鯨突《くじらつき》、旗などを所持していた。中山家ではただちに異人たちを捕まえ、翌二十九日朝、水戸本藩に注進して応援を要請した。そのため同日昼頃、一番隊二百人余が駆けつけ、さらに続々と応援がやって来た。

この現場に筆談役として立ち会った学者が会沢正志斎（安《やすし》）だった。会沢家は、水戸藩で鷹の餌になる鳥を捕まえる役職をこなしてきたが、父の恭敬《やすたか》のときに武士に取り立てられた。正志斎は幼いころから聡明で、彰考館総裁だった藤田幽谷のもとで勉学に励み、やがて彰考館に入って『大日本史』の編纂にたずさわり、さらに藩主の子弟の教育係に抜擢された。

正志斎は、飛田勝太郎（逸民）とともに異人たちの取り調べにあたったが、そのときの記録が『諳夷問答《あんいもんどう》』である。原文が武藤長蔵著『日英交通史之研究』（内外出版印刷 一九三七年）に載録されているので、これにもとづいて当時の様子を紹介する。

まず正志斎は役人たちとともに「加比丹《かぴたん》ゲビスン」という者を呼び出した。彼を連れて来たのは、領民の勇三郎だった。数日間、異人たちと同居して監視していたので、彼らの顔色や手振りに慣れ、少しだけ言葉も通じるようになっていたからだった。

正志斎の前に現れたゲビスンは、右手を伸して礼をなしたあと、そのまま跪いた。ただ、正志斎にとって初めてみる異人であるうえ、全く言語が通じなかった。当初、正志斎は来航したのはロシア人だと信じていたので、まずキリル文字を書いて提示したが、ゲビスンたちはまったく読むことができなかった。

やがてゲビスンは、「A、B、C、D」とアルファベットを書き始めた。このため、手振り身振りに加え、アルファベットと数字（1、2、3、4）を用いながら、取り調べをおこなうことにした。さらに正志斎は、持参した世界地図をゲビスンの目の前に広げた。

こうして意思疎通をはかりつつ、正志斎は彼らの来意をただした。

まず理解できたのはゲビスンらがロシア人ではなく、イギリス人だったという事実である。また、ゲビスンが鯨が潮を吹き上げたり、動いたりするジェスチャーを示したことで、沖合に停泊する黒船が捕鯨船であることがわかった。

さらに、大津浜に上陸したのは、病気になった船員たちのため、新鮮な野菜を補給する目的であることも認識できた。ただ、正志斎はゲビスンの言うことを信じなかった。

じつは十九世紀になると、日本近海に異国船がたびたび来港し、日本に対して開国や交易を求めるようになっていた。とくにロシアは、十八世紀半ばからシベリア開発に意欲を示し、千島列島から蝦夷地まで南下し、アイヌと密貿易をするようになった。

寛政四年（一七九二）にはロシアの女帝エカチェリーナ二世が、蝦夷地の根室に**ラクスマン**を派遣、幕府に通商を求めてきた。

このときラクスマンは漂流民の大黒屋光太夫《だいこくやこうだゆう》らを江戸で直接将軍に引き渡したいと主張した。為政者の松平定信は、江戸湾の無防備を知られることを危惧し、仕方なく信牌《しんぱい》（貿易許可証）を渡し、国際港である長崎へ向かえと指示した。もしラクスマンが入港して交易を求めたら、それを許容する方針だった。つまり消極的ながら開国を決意していたのだ。

結局、ラクスマンは諸事情により、長崎へ赴かなかった。

だが、この事態に危機感をおぼえ、寛政十年、近藤重蔵《じゅうぞう》や最上徳内《とくない》に択捉《えとろふ》島など千島列島を探査させた。この頃、ロシア人は択捉島でアイヌと交易をしていたので、択捉島に来た近藤と最上は、「大日本恵登呂府」という標柱を島内に立て、ここは日本の領土だということを明確にした。

寛政十二年には蝦夷地開拓のため、幕府は八王子千人同心（武田や後北条の遺臣を取り立てて組織した農村に居住する幕府直属の郷士集団）百名を入植させ、さらに二年後の享和二年（一八〇二）に東蝦夷地を直轄地とした。

文化元年（一八〇四）、ラクスマンの信牌を持ってロシア使節レザノフが長崎に来航、通商を要求してきた。すでに定信が失脚していたこともあり、幕府は要求を拒絶した。するとレザノフは激怒し、部下に樺太や択捉島、蝦夷地を攻撃させたのである。

仰天した幕府は文化五年、蝦夷地を直轄地にして松前奉行の支配下に置き、東北諸藩に警護にあたらせた。

さらに同年から翌年にかけ、**間宮林蔵**に樺太とその対岸を探査させた。

文化八年（一八一一）、幕府は国後島に上陸したロシア軍艦の艦長**ゴローウニン**を捕らえて監禁。

すると翌年、ロシアも報復として商人の**高田屋嘉兵衛**を拉致、カムチャツカに連れ去った。ただ嘉兵衛の尽力によって、翌年ゴローウニンは釈放されることになり、ようやく日露の緊張状態は改善した。

当初、正志斎がゲビスンらをロシア人だと思ったのには、こうした経緯があったのだ。

❖会沢正志斎が見抜いていた帝国主義国家の本質

ただ、正志斎はゲビスンらがイギリス人だと知って、さらに強い警戒感を抱いた。十数年前に発生した**フェートン号事件**を知っていたからだ。

文化五年（一八〇八）、長崎湾に一隻のオランダ船が入港した。臨検のために幕府の役人や出島のオランダ人が小舟に分乗して向かったところ、オランダ船から短艇が何隻も降ろされた。しかも、船には武装した兵士が大勢乗っていたのだ。

驚いた幕府の役人たちは海に飛びこんで難を逃れたが、オランダ人たちは拉致されてしまう。じつはこの船、フェートン号というイギリスの軍艦だったのである。

当時、イギリスとフランスは戦争状態だった。フランスはオランダを占領しており、オランダと敵対関係にあったイギリスのフェートン号は、バタビアから長崎に向かうオランダ船を攻撃する目的でやって来たのだ。けれどオランダ船が長崎に停泊していなかったため、オランダ人を人質にとり、中国船や日本の船を砲撃すると脅しつつ長崎奉行所に対し食糧や水を要求したのである。

このときの長崎の警備担当は佐賀藩だったが、太平の世に安心しきって兵をほとんど置いていなかった。長崎奉行の松平康英は佐賀藩に派兵を催促したものの、なかなか到着しない。そこで仕方なくフェートン号の要求を聞き入れ、船が退去すると、康英は責任をとって切腹した。

この事件では、佐賀藩主鍋島斉正《なりまさ》も処罰されている。

フェートン号事件で外国の脅威を感じた幕府は、文化七年（一八一〇）、白河・会津両藩に江戸湾の防備を命じている。

そんなイギリス人であるゲビスンが「捕鯨ノタメニ来タリシ」（『諳夷問答』）と述べても、正志斎は「本意ハ左ニ非ルコト明ナリ」とその言葉を信用せず、異人は狡猾なので本音を話していないと判断した。

その後、ゲビスンは西洋諸国の旗を描きはじめたので、正志斎はその旗と世界地図を照合したうえで、それぞれの国の対立関係などを聞き出した後、再度、ゲビスンに勇三郎を通じて来航の目的を尋ねた。

ゲビスンの答えは要領を得なかったが、このとき近くにいたメトトンという者が世界地図を指さして、日本からイギリスまでの海路を四本の指で何度も撫でたのである。

おそらく、正志斎の質問の意図がわからず、単に日本からイギリスまでのルートをなぞっただけだと考えられるが、これを見た正志斎は、「神州（日本）ヲ服従セシメントス云ノ意ナルヘシ」（前掲書）と確信し「悪ムヘキノ甚キナリ」（前掲書）と思ったのである。言ってみれば、完全な正志斎の先入観による思い込みだった。

ただ、確かに思い込みだったかもしれないが、それまで獲得していた知識によって、正志斎は、弱いとみれば自国の植民地にしてしまう列強という帝国主義国家の本質をしっかり見抜いていた。

つまり今回の異人との会談は、勘違いとはいえ、正志斎にそれを確信させる場となったのである。

いずれにせよ、異人と接触した正志斎は、「イギリス人たちは捕鯨を装っていながら、本当は我が国を侵略しようとしているのだ」と判断、大いに危機感を抱き、翌年、これにどう対処すべきかを記した『新論』を書き上げ、翌文政九年に師の藤田幽谷を通して藩主・徳川斉脩《なりのぶ》に献上した。

この『新論』のなかで、初めて尊王論と攘夷論を融合した理論、すなわち尊王攘夷論が登場するのである。

では、『新論』の冒頭文を紹介しよう。

「神州は太陽の出づる所、元気の始まる所にして、天日之嗣《あまのひつぎ》、世々宸極《しんきょく》を御したまひて、終古易《かわ》らず、固《もと》より大地の元首にして、万国の綱紀なり。誠に宜しく宇内に照臨し、皇化のおよぶ所、遠邇有ること無かるべし。而《しか》るに今西荒の蛮夷、脛足の賤《せん》を以て、四海に奔走し、諸国を蹂躙し、眇視跛履く、敢《あえ》て上国を凌駕せんと欲す。何ぞそれ驕れるや」

（『新論・迪彝篇』塚本勝義訳註　岩波文庫）

この難解な文章を簡単に要約すると「神の国である日本は、太陽の出る所であり、気も根源が始まるところである。アマテラスの子孫達が代々変わらずに天皇となり、万国を統治している。世界中に天皇の徳が及んでいる。ところが近年、西洋の異人たちが四海を船で乗り回し、諸国を蹂躙して他国を凌駕しようとしている。なんと驕《おご》っていることか」といった意味になる。

日本は、天皇が統治してきた神の国であることをたたえるとともに、列強の侵略の危機を述べた。そのうえで、「これに対抗するためには、天皇を不変の君主とし、天皇のつかさどる皇祖神に対する祭祀を通じて忠孝の道徳を人びとに浸透させ、国内の民心をまとめあげるべきだ」と説く。具体的な方策の一つとして、正志斎は全国の神社の祭礼を朝廷が統括し、民心を統一すべきだと主張する。

また、「敵の侵入を防ぐために辺境地区の防備を強化し、銃砲技術の訓練を徹底し、海軍を充実させ、そのうえで国力を蓄えて、積極的に海外へ進出していくべきだ」という方策を提言したのである。

『新論』は藩主・徳川斉脩の判断によって出版は許されなかったが、写本が次第に出回り、のちに老中の阿部正弘など幕府の重職のあいだでも閲覧されるようになった。

❖大津浜事件から始まった水戸藩の大改革

さて、大津浜事件で大きな危機感を覚えた会沢正志斎だったが、もう一人、同じような気持ちを抱いた人物がいる。**藤田東湖《とうこ》**だ。

東湖は、正志斎の師匠・藤田幽谷の息子である。大津浜に異人が上陸したという報に接した幽谷は、老いた自分の代わりに、東湖に対し、「ただちに異人を討ってこい」と命じたのである。

父の命に従って東湖は、刀を握りしめて大津浜へ走った。死を決していたことだろう。だが、東湖が到着したとき、すでに異人は去った後だった。

いずれにせよ、それからは東湖も正志斎とともに、尊王攘夷論を声高にとなえるようになり、「異人の魔の手から逃れるためには、思い切った藩政改革を断行せねばならぬ」と改革派を組織して藩庁に改革を要求するようになった。

ちょうどそんなとき、藩主の跡継ぎ問題が持ち上がった。現・八代藩主斉脩の正室は、十一代将軍家斉の娘・峯姫である。ただ、斉脩は病弱で、十年経っても夫婦は子に恵まれなかった。そこで家斉は水戸家に「養子として我が子を一人遣わしたい」と打診してきたのである。家斉は五十五人の子供をもうけ、御三家や加賀藩など多くの藩に自分の子供を養子や嫁として送り込んでいた。

文政十一年（一八二八）、話はいよいよ具体化する。斉脩の弟である斉昭の娘・賢姫《かたひめ》を峯姫の養女とし、将軍家斉の二十子である恒之丞《ひさのじょう》を斉脩の養子とし、この二人を夫婦にして水戸家を継承させようというのだ。

この話に、水戸藩の重臣層は賛意を示した。水戸藩は財政が苦しく、家斉の子を養子とすれば、幕府からの支援が期待できるからだ。

けれど斉脩には、斉昭という実弟がある。しかも非常に聡明だった。

「斉昭様こそを次期藩主とすべきである」そう反発したのが、藤田東湖・会沢正志斎ら下級藩士を中核とする改革派だった。この頃改革派は六十名以上に膨張し、家中の一大勢力となっていた。

文政十二年（一八二九）秋、斉脩が危篤となった。このとき改革派は、四十名以上が藩に無断で江戸へ出府し、斉昭を新藩主にしてほしいと、幕府に対してすさまじい嘆願や工作を展開していった。

「江水大ニ騒擾ス。水藩創業以来、此ノ如キ変事アルコトヲ聞カズ」（『水戸紀年』）と、後継者をめぐって藩内は大変な騒ぎになった。

次期藩主については、藩主斉脩の気持ちも斉昭に傾いていたことがわかり、改革派の望み通り、斉昭が正式に斉脩の養子となり、文政十二年十月十六日に斉脩逝去が公にされると、翌日、幕府から斉昭へ水戸藩領の相続が命じられた。

こうして、第九代水戸藩主徳川斉昭が誕生したのである。

改革派に擁立された斉昭は、藩主に就任するとすぐ、藩政改革に取り組む旨を全藩士に宣言した。そして、藤田東湖ら改革派を登用して、猛烈な改革を行なっていった。

特に力を注いだのは、軍制改革だった。斉昭は、「すぐに軍事力を強化しなければ、我が国は列強の餌食となってしまう」という強烈な対外危機意識を有していた。

これは、いうまでもなく、藤田東湖や会沢正志斎の薫陶の結果である。

その危機感が、軍制改革にそのまま表れている。まず斉昭は、異人から領内を守るため、海を見下ろす助川村（日立市）の高台に、城のごとき武家屋敷をもうけ、大砲を多数そなえ、家老山野辺義観《よしみ》を海防総司に任命し、家臣ともども山野辺を助川村へ移住させ、沿岸防備にあたらせた。

同じく安藤為由も海防のため大沼村（日立市）へ、平尾清行も友部村（十王町）へ永住させている。

また、大砲や火薬の製造をはじめ、水戸城外の神崎という地に、大規模な大砲鋳造所を設置した。さらに諸藩から千数百挺の鉄砲を購入し、水戸藩の軍隊をすべて銃隊に変え、家臣たちを要地に土着させ、武備を充実させようと計画した。

面白いのは、馬上から敵を射殺する銃撃法などを工夫して、斉昭自らが神発流という一派を創始したことであろう。同時に、西洋砲術家の**高島秋帆《しゅうはん》**のもとに家臣を派遣して、西洋砲術を水戸藩の軍制に取り入れ、大極流と称する砲術流を考案して、これを藩の砲術流派としたのだった。

そして、天保十二年を初回として、斉昭は毎年、追鳥狩《おいとりがり》と称する大規模な軍事演習を領内ではじめた。城下の千束原において、なんと騎馬三千、雑兵数千を動員した、空前の大演習であった。

斉昭自身も、鎧兜に身をかためてこれに参加しており、その意気込みが知れる。いかにこの水戸藩主が、異人の襲来を真剣に危惧していたかがわかるだろう。

この水戸の藩政改革は、幕府の老中・水野忠邦の天保の改革にも大きな影響を与えた。

❖尊王攘夷運動を盛り上げ、幕府の威信を失墜させた水戸藩

水戸藩の改革は、天保十五年、にわかに中断する。斉昭が幕府から隠居謹慎処分を命じられたからである。大規模な軍事調練や密かな蓄財、牢人召し抱え、学校と称しての要害構築といった行為が咎められたのである。

だが、それは名目であって、じつは藩内の反斉昭派の謀略だった。改革に反発する重臣門閥層が、幕府に斉昭の隠居を働きかけたのだ。

しかしわずか半年後、斉昭の謹慎は解除される。改革派とそれに同調する村役人、豪農、修験《しゅげん》、農民たちが続々と水戸を脱出して江戸へ出て、幕府に斉昭の免罪を越訴したからだ。その人数は、四千、あるいは五千とも伝えられる。

ペリーが来航すると斉昭は海防参与に就任し幕政にも進出し、尊王攘夷を声高に主張するようになった。

さらに、我が子**一橋慶喜《よしのぶ》**を将軍にすえようと邁進する。ところが、**井伊直弼《なおすけ》**が大老に就任したことにより、幕府の方針は積極的開国となり、将軍後継者も紀伊藩の慶福《よしとみ》（のちの将軍家茂《いえもち》）と決まってしまった。これに斉昭ら尊攘派（一橋派）の大名が抗議すると、井伊は弾圧をもって臨み、斉昭も蟄居処分となった。

安政五年（一八五八）八月、朝廷が水戸藩に対し勅諚を下した。幕閣の外交姿勢を批判し、諸大名と力を合わせ政局の安定を図れと書かれてあった。

問題なのは、朝廷が幕府を通さず直接水戸藩に勅を与えたことだ。

これに井伊直弼は激昂し、水戸藩に勅諚返納を命じ、水戸藩改革派の安島帯刀などを次々と死刑にしていった。

この危機的状況にあって、改革派は勅諚を返還するか否かをめぐって、二つに分裂してしまう。

このとき藩校「弘道館」の総教だった正志斎は、返還に反対する過激な連中を諫め、幕府ではなく朝廷に勅を返還すべきだと主張した。会沢らの一派は、尊攘派のうち**鎮派**と呼ばれるようになった。

これに対し過激な一派は**激派**（**天狗党**）と呼ばれた。彼らの一部は脱藩して桜田門外で井伊直弼を殺し、さらに坂下門外で老中安藤信正を傷つけて失脚させた。

このように**大津浜事件を機に、会沢正志斎が尊王攘夷論を生み出し、その考え方にもとづいて藩政改革や藩士教育がおこなわれ、尊攘論は深く領内に浸透、過激な尊攘運動に走った者たちが大老や老中を殺傷して幕府の威信を失墜させたのである。**

そういった意味では、まさに大津浜事件が時代を動かす導火線となったわけだ。

ただ、もともと正志斎の論は、幕藩体制を崩壊させようというものではなかった。むしろ「幕藩体制は、古代日本の政治体制と合致したものであり、天皇が委任する幕府や藩に人びとが服している状態が、結果として国家の安泰につながるのだ」とした。

だがペリー来航後の安政四年（一八五七）、ようやく『新論』が公刊されると、藩士たちはこれをバイブルにして過激な尊王攘夷運動に挺身し、幕藩体制を大きく動揺させてしまうのだ。

正志斎は晩年、そうした過激な行動をいさめ、文久二年（一八六二）には、前藩主・徳川斉昭の子で幕府の実力者一橋慶喜に対し、『時務策』と題する開国論を主張する一書を提出している。このため尊攘派からは批判されることになったが、翌年、死去している。

いずれにせよ、まさか自分の著書が過激な尊攘運動を誘発し、己の死から数年後に幕府を倒壊させるとは予想していなかったろう。

なお徳川斉昭も、自分を貶めた井伊直弼の死を知った五カ月後の万延元年（一八六〇）八月に死没した。享年六十一歳であった。

その後、水戸藩は保守派、鎮派、激派などが入り乱れて争うようになり、歴史の表舞台から去っていく。

変わって大きな力を持ち始めたのは、長州藩であった。

尊攘主義をかかげた長州藩士たちは京都の朝廷に入り込み、急進的な公家と結び付いて

朝廷を牛耳り、将軍の上洛を強く要求し、将軍家茂が二三〇年ぶりに上洛すると、幕府に迫って攘夷決行命令を出させることに成功する。

　こうした政治活動の中心になった長州藩士は、冒頭で述べたように吉田松陰が主宰する松下村塾の門下生であった。

❖長州藩に尊王攘夷運動を広め、歴史を回天させた吉田松陰

　吉田松陰は長州藩の下級藩士の家に生まれ、六歳のとき叔父の吉田家を継いだ。同家は兵学師範の家柄で、以後は後見人の玉木文之進《ぶんのしん》（松陰の叔父）からスパルタ教育を受け、十代前半から才能を発揮するようになる。

　やがて江戸に遊学した松陰は、嘉永四年（一八五一）十二月に友人の宮部鼎蔵《ていぞう》（肥後藩士）らと十カ月間におよぶ長期の東北旅行を計画する。見聞を広め、各地の学者と相知るためだ。

　宮部は松陰より十歳年上の熊本藩士であったが、同じ山鹿流《やまがりゅう》兵学を学んでいたことから大いに意気投合していた。半年前に松陰は藩の許可を得ていたが、旅行時の身分証明書で

ある過書の交付申請は、直前までおこなわなかった。

ところが、過書の交付は藩主の許しが必要で、あいにく藩主毛利敬親《たかちか》は、国元長州に戻ってしまっており、到底、旅行の出立日までに間にあわない。

　すると松陰は、旅行の前日、稽古に向かうといって藩邸を出たまま、無断で江戸から旅立ってしまったのである。脱藩（亡命）行為であった。ただ、約束を重んじるのは武士として最も大切であり、そのための脱藩は一時的に藩や親に背いたことになるが、大局的には藩や家のためになると考えたのだ。

　こうして出向いた東北の旅だったが、松陰にとって大きな収穫となった。最大のそれは、水戸藩の会沢正志斎との邂逅だろう。

　松陰が水戸を訪問したのは同年十二月十九日のこと。まずは藤田東湖に会おうとしたが、あいにく東湖は謹慎中で面会できなかった。ただ、同じくらい楽しみにしていたのが正志斎との面談だった。すでに松陰は『新論』を読んで感銘を受けていたからだ。だから翌月二十日までの滞在期間中に、なんと六度も正志斎のもとを訪れている。

松陰は『東北遊日記』に、

「会沢を訪うこと数次なるに、率《おおむ》ね酒を設く。水府（水戸）の風、他邦（他藩）の人に接するに、欵待甚だあつく、歓然としてよろこびを交え、心胸を吐露して隠匿するところなし。会々談論の聴くべきものあれば、必ず筆を把りてこれを記す。是れ其の天下の事に通じ、天下の力を得るゆえんか」

と、腹蔵なく心情を吐露して正志斎と天下国家の行く末を語り合ったことを記している。

また、翌年正月十八日の書簡（兄の杉梅太郎宛）にも、「水府（水戸）遊歴は、大分益を得候様覚え申し候」とあり、水戸訪問が松陰にいかに大きな影響を与えたかがわかる。

松陰は、会沢のとなえる尊王攘夷思想に大いに傾倒し、この旅で熱烈なる攘夷主義者へと変貌をとげたのである。

やがて松陰は、長州藩の萩に松下村塾を開き、弟子たちに水戸学（尊攘論）を教授し、同塾から高杉晋作、久坂玄瑞、伊藤博文、井上馨、品川弥二郎、山県有朋といった人びとが群がり出て、幕府を倒して近代国家をつくりあげ、列強の毒牙から我が国土を守ることになるのである。

《「最新の日本史」がわかる！④近世》

揺らぐ「信長の先進性」「鎖国」「士農工商」

近世は、織豊政権からペリー来航の前までを範囲とする。日本史で最も人気のある時代だ。

歴史人物としては、織田信長の人気は高い。

信長は、岐阜城を拠点にすると「天下布武」の印を用い、天下統一の意志を明らかにしたというのが通説だ。

しかし近年、**天下は全国ではなく畿内**（**大和・山城・摂津・河内・和泉国**）**をさし、「天下布武」は畿内での室町幕府の将軍政治の復活を目指したという説が有力になっている。**

また、楽市・楽座や関所の廃止など、信長は経済的な先見性があったといわれるが、近年は**もっと先進的な大名は他におり、取り立てて信長の政策が進んでいたわけではないことがわかってきた。**

研究者の金子拓氏は、信長の「外交という局面における状況判断の甘さ、平衡感覚の欠如」「裏切られるまで、その気配に気づかない油断」（『織田信長 不器用すぎた天下人』河出書房新社）など、空気の読めない外交ベタを指摘する。

徳川家康が樹立した江戸幕府は、二六〇年を超える長期政権となった。三代将軍家光のときに幕藩体制が確立するが、特徴的な対外政策が鎖国だろう。

ただ、「国を鎖す」と表記するので外国と交際しないイメージが定着してしまったうえ、昔の教科書には、「**鎖国によって日本人の海外発展の道はとざされ、産業や文化の近代化がおくれることになった**」（『新詳説日本史』山川出版社 一九八八年）と記され、マイナスの印象が強い。

けれど、**江戸の技術力や文化は決して西洋に引けをとっておらず、対外貿易も莫大なやり取りがあり、江戸中期には、清国の銅銭原料の七割以上が日本産の銅だと判明している。**

江戸時代は士農工商（四身分）**が厳格に定められていたとされるが、今の教科書からはその記述が消えた。**

士農工商の概念は中国古代のもので、江戸時代の儒者が強引に日本社会にあてはめ、それが誤ったかたちで明治以降に伝わったというのだ。

実際は支配者の武士と被支配層の百姓・町人の三身分が主で、百姓と町人の間に上下関係はなく、居住地域や職業別に過ぎない。

しかも、武士身分は金銭などで購入でき、身分は流動的だった。

人物の評価も大きく変わりつつある。

五代将軍綱吉は福祉政策をすすめた名君、賄賂政治家とされた**田沼意次は、重商主義政策の推進を高く評価されるようになっている。**

5章

《日本史の節目⑤》

廃藩置県（1871年）

——一日にして藩が消滅、政治権力は新政府に統一——

新政府は、旧幕府を挑発して戊辰戦争を勃発させた。翌明治二年五月、蝦夷地を占拠していた榎本武揚ら旧幕府脱走軍が新政府軍に降伏。

この箱館戦争の終結をもって、鳥羽・伏見の戦いから一年半近くにわたって続いた戊辰戦争は終わりを告げた。

こうして武力で国内統一を成し遂げたものの、新政府が日本の政治権力を掌握したわけではなかった。全国には藩という地方政府が多数存在し、独自の政治をおこなっていたからだ。

到底、これでは欧米のような国家をつくることはできないし、そもそも政府の存立すら危うい。そこで薩長の一部の有力者によって、廃藩置県が断行されたのである。

突如、藩をすべて消滅させ中央政府に権力を集中させたわけで、まさにクーデターであった。

ただ、**これによって一律の殖産興業・富国強兵策が可能になり、日本は近代化へ突き進むことができるようになったのである。**

今回は、そんな廃藩置県というターニングポイントを紹介しよう。

❖**戊辰戦争後、ほぼ軍事力を持たない新政府の「綱渡り」**

新政府は、戦争中に**五箇条の御誓文**を発布して内外に施政方針を示し、政体書を制定して政府の組織を整えた。

また、**江戸を東京と改称**して天皇は実質的にここに遷都した。

戊辰戦争が終わった翌月の明治二年（一八六九）六月、新政府は**版籍奉還**を実施する。版とは藩の領地、籍とは藩の領民のことで、これらを朝廷に返上させたのである。

武力で日本を平定した新政府は、徳川家などから没収した土地のうち、要地を府、そのほかを県とした。

だが、それまでと実態はあまり変わらず、あいかわらず全国には二百七十近い藩（大名家）が存在し、江戸時代同様、領内で政治をとっていた。

この体制を**府藩県三治制**と呼ぶが、政府の直轄地を遥かに上回る広大な国土に、数多くの地方政府が乱立している状況では、到底、欧米のような近代的国家はつくれない。

とはいえ、この段階で藩を潰すほどの力を新政府は持たなかった。

短期間に政権の体裁を整えたものの、新政府は軍事力というものをほとんど持たなかっ

たのである。

いうまでもなく新政府軍として戊辰戦争を戦ったのは諸藩の兵であり、戦争の終結後、兵は次々と国元へ戻ってしまった。それに当時の新政府の財力では、彼らを常備軍として永久雇用することも不可能だった。

だから戦後は、薩・長・土三藩（後に佐賀を追加）に命じて兵士を兵部省に差し出させ、皇居や首都防衛にあたらせていた。ただ、彼らは東京に常駐しているわけでなく、半年交替で国元へ戻っていった。

いずれにせよ、明治二年（一八六九）一月、長州の**木戸孝允**と薩摩の**大久保利通**が画策して、薩摩・長州・土佐・肥前の四藩主が新政府に版籍奉還を願い出るかたちをとらせた。四藩主に続き、他大名も続々と版籍奉還を願い出てきた。この状況を見はからって、先述のとおり、新政府は同年六月、全藩に版籍奉還を命じたのである。

ただ、藩主はすべて**知藩事**に（新政府の地方官）に任じられ、旧領と旧領民の支配を命じられた。すなわち、実態としては以前とあまり変わらなかったわけだ。

異なるのは、**新政府から知藩事に給料（家禄）が支払われるようになった**ことである。

これまで藩主の家計は藩財政と分離されていなかったからだ。

また、この時期、戊辰戦争で藩主の権力が相対的に低下（負けた側は特に）し、求心力が失われつつあったので、**一部の大名にとっては、新政府や天皇から知藩事に任じられ、政務を委ねられることは自分の権威づけともなり、歓迎する傾向すらあった。**

なお、この当時、各地で新政府の政策に反対する**農民一揆**が起こり、激しさを増していた。

士族（元武士）たちも不穏な動きを活発化させていた。とくに新政府が攘夷主義を撤廃し、**「開国和親」**の方針を掲げたことに対し、憤る士族たちが少なくなかった。

とくに衝撃を与えたのが、新政府の中核である長州藩領で大規模な反乱がおこったことである。しかもその主体は戊辰戦争で活躍した奇兵隊だった。

そこで、この奇兵隊の反乱について見ていこう。

❖奇兵隊の反乱と尊攘主義者の抵抗

奇兵隊は、文久三年（一八六三）に高杉晋作によって士庶混成軍として創設された軍隊である。武士や庶民の区別なく、「志」をもって結合した軍隊で、正規軍に引けを取らない活躍をしたため、これを機に同じような部隊が生まれ、これらをまとめて**諸隊**と呼んだ。

戊辰戦争でも大きな功績を見せたが、戦いが終わると大規模なリストラが始まる。

当初、長州藩は、奇兵隊ら諸隊を新政府に献上したいと申し入れたが、最終的に認められたのは千五百名程度であった。

そこで明治二年(一八六九)十一月、長州藩は奇兵隊ら諸隊を精選して常備兵四大隊とし、余剰人員を解雇すると発表した。彼らの多くは農家の次男、三男だったので、職を失えば生きていけない。このため翌十二月には、多くの隊士が山口(山口市)の駐屯地から脱走し、宮市《みやいち》(防府《ほうふ》市宮市)や三田尻(防府市三田尻)などに集まり、山口藩庁(政事堂)へ通じる陸海の要衝地を押さえた。

これに仰天した長州藩の高官たちだが、さらに脱走隊士たちは藩庁に生活の保証や隊幹部の処罰、さらに洋化政策の中止を求めた。

十二月十九日、長州領の美弥《みね》郡で農民一揆がおこり、やがて藩全域に広がる様相を呈したが、首謀者の来島《きじま》周蔵は奇兵隊の脱走隊士であり、裏で脱走諸隊が関与していた。藩の政権奪取に協力すれば年貢を免除すると各村へ触れまわったのだ。

さらに彼らは全国へも密使を派遣し、新政府に不満をもつ者たちを糾合、新政府打倒を企てたのである。

明治三年一月になると、脱走諸隊は山口藩庁を包囲し、うち四十名が表門を突き破って屋敷に乱入し、藩首脳部に不正幹部の処刑を迫った。さらに数十台の砲門を藩の庁舎へ向け、完全に人の出入りを封鎖して糧道を断った。

この反乱を知ると、**西郷隆盛**や**大久保利通**など薩摩藩の実力者が相次いで長州を訪れ、諸藩からも援軍の申し出が殺到した。

だが、長州のリーダー・**木戸孝允**は、他藩の力を借りてしまっては、新政府における長州閥の力は失墜すると考え、長州藩の全兵力をもって、すみやかに諸隊脱走軍をつぶす決意をした。そして二月八日から藩の正規軍などを三軍に分けて山口へ進軍させたのだ。

第一軍は木戸自身が指揮し、激戦のすえ敵を退けたものの、やがて逆襲をうけ、三田尻方面へ退却せざるを得なくなった。しかしその後、援軍と合流して反撃に転じて潰走させた。他の正規軍も各地で諸隊脱走軍を破って山口へ突入した。

こうして反乱軍は鎮圧されたのである。同月半ばに下関に薩摩藩の援軍が到着しているので、あと少し鎮圧が遅れていたら、新政府における長州閥は弱体化するところだった。

さて、冒頭で少し触れたが、新政府の開国和親への転換は、多くの藩を閉口させた。なかでも混乱が大きかった久留米藩の動きを紹介しよう。

久留米藩では幕末、激しい政争の末、開化派の家老の有馬監物《ありまけんもつ》、参政の不破美作《ふわみまさか》、用人の今井栄らが実権をにぎり、西洋にならった近代化の必要を説き、開成方という組織をつくり、西洋技術を導入したり蒸気船を購したりするなど、近代化をすすめていた。

ところが新政府が樹立されると、藩の尊攘派たちが幕府と結んでいた開化派政権を倒そうと、参政の不破美作を二十数名で襲撃して斬殺、国家老の有馬主膳の屋敷に美作の首を持って押しかけ、開化派の重臣たちに厳罰を下すよう迫った。

賛同する藩士が百名を超えたこともあり、勢いに押された藩の重臣たちは要求を受け入れた。こうして家老の有馬監物を筆頭に開化派はみな職を解かれ、謹慎処分となった。

一方、暗殺を主導した小河真文《まさぶみ》や佐々金平《さっさきんぺい》といった若者たちは、大宰府にいた尊攘派の重臣・水野正名《まさな》を迎え入れ、水野をトップとする尊攘派政権が久留米に樹立された。

なお、家老の有馬監物は四月、怒りのあまり自刃した。

同月六日、今井栄にも次のような処罰が下された。

「兼而《かねて》志不正、専《もっぱら》佐幕論ヲ主張シ、勤王之大道取失、剰《あまっさえ》不破美作奸曲ヲ助長シ、諂諛《てんゆ》ヲ以御国是ヲ撹乱シ、上ヲ不憚《はばからず》所業其罪難遁《のがれがたく》、依之《これにより》御容赦難成、罪一等ヲ減知行被召揚永揚屋ヘ被差越候」

（浅野陽吉著『十志士の面影』筑後郷土研究会 昭和十二年）

このように藩の実権を握った尊攘派は、今井栄のことを「勤王の道から外れて佐幕を説き、不破美作の悪巧みを助長させ、媚びへつらいによって藩の政治を乱した」と決めつけ、知行を召し上げたうえ永牢、つまり無期懲役に処した。

さらに翌明治二年一月二十四日、藩庁から「国是の妨けと成るを以て屠腹《とふく》申付候」（前掲書）との沙汰が出た。この判決を牢獄で申し渡されたとき、今井はその役人に対して「よくわからない。もう一度、読み聞かせてくれ」と言い、再度、判決文を音読させたという。おそらく尊攘派に対するせめてもの抗議だったのだろう。

同月二十九日、今井栄は久留米城下の徳雲寺において同志八名とともに切腹させられた。自刃のさい、介錯人すら自分で選ぶことは許されなかった。まだ四十八歳であった。

今井ら開化派を容赦なく粛正した後、久留米藩は混迷をきわめていく。攘夷で団結した久留米藩は、新政府の開国和親の方針に強く異を唱え始めたのだ。だが、新政府は耳を貸そうとしない。

ここにおいて久留米藩首脳部は、急進派公家や奇兵隊の脱走兵などと結びつき、なんと政府に対して謀反を企てたのである。

けれど計画は未然に発覚し、明治四年三月、藩知事（前藩主）の有馬頼咸《よりしげ》は上京を命じられ、東京での取り調べの結果、屋敷に幽閉されてしまった。一方、国元へは熊本藩の兵が押しかけ、久留米城を占拠したのである。こうして尊攘派政権は崩壊し、多くの処罰者が出ることになった。

奇兵隊の反乱や久留米藩の謀反計画は表に出たから大騒動になったが、こうした動きは秋田藩、熊本藩、松代藩など各地に見られた。さらに政府内でも高官をつとめた公家の外山光輔と愛宕通旭《おたぎみちてる》が政府の転覆計画を画策し、逮捕されて切腹している。

つまり、**少しつつけば各地で反政府騒動が続発し、新政府が倒壊してしまう状況になっていたのである。**

❖紀州藩と薩摩藩、新政府の脅威に

「おそらく近いうちに大規模な反乱が起こり、第二の戊辰戦争に発展するのではないか」

そうした認識が各藩の為政者たちに生まれ始めた。

「ならば、そのときのために軍事力を高めておく必要がある」そう考えた諸藩は、大規模な軍制改革を進めていった。

なかでも特筆すべきは紀州藩である。

紀州藩主徳川茂承《もちつぐ》は、第二次長州征討の将となった。そのため紀州藩は新政府にうとまれていたが、知藩事になった茂承は津田出《いずる》を登用し、すさまじい藩政改革をはじめた。

藩の大参事となった津田は、藩士に容赦がなかった。五百五十石以上の家臣の禄を十分の一、五百五十石未満二十五石以上を五十俵としたうえで、浮いた金の大半を軍事費につぎ込んだのである。

兵制は、プロシア（ドイツ）式を採用した。新興国だが、オーストリア軍を破るなどの勢いを見せていたからだ。改革には、紀州出身の新政府高官である**陸奥宗光**もくわわり、プ

ロシアの陸軍士官カール・カッペンを軍事顧問に招いた。

明治三年正月には「兵賦略則」が発布された。なんとそれは、正規軍を解体し、兵役に耐えられる成人男子すべて兵とする徴兵制度が盛り込まれていた。明治政府より三年も早い施行である。

もともと紀州藩の正規軍は三千人程度だったが、この徴兵制により常備軍は七千となり、予備・補欠兵をあわせると、一万四千（五倍近く）**に膨れあがった。しかも紀州軍は最新式のツナンドル銃で武装しており、おそらく新政府軍と戦えば勝利した可能性が高い。**

気になったのだろう、諸藩の重臣だけでなく新政府の高官も、その様子を知るために紀州藩を訪問している。

ただ、新政府がさらに神経をとがらせたのは、薩摩藩の動向であった。

薩摩藩では、急進的な新政府の改革に反発する**島津久光**（藩主忠義の父で、国父と呼ばれた藩の実力者）ら保守派の力が大きくなり、それに戊辰戦争から凱旋した兵士たちが反目する状態になっていた。

しかも、維新三傑といわれた**西郷隆盛**も明治二年（一八六九）から鹿児島にいたのである。

いくら新政府が東京に呼び出そうとしても応じず、ひたすら藩の下士救済を優先する藩政改革を推進していたのだ。どうも新政府の方針が気に入らず、贅沢な暮らしをする高官たちにも嫌気がさしたらしい。

とくに西郷は、戊辰戦争に参加した下士たちに報いるため禄を加増し、彼らを中心とする一万三千を常備軍とした。みな戦争で活躍した精鋭であったが、長州藩が諸隊をリストラしたのとは対照的な政策だった。

ただ、新政府にとっては、人望のあつい西郷のもとに結束した薩摩軍は脅威だった。

❖西郷隆盛が新政府に突き付けた要求

このように下手をすれば政府が瓦解しかねない世情になってきたこともあり、新政府の大久保利通は、明治三年（一八七〇）二月、みずから鹿児島へ入って島津久光（知藩事忠義の父）と西郷隆盛を引き出そうとした。

このとき保守的な久光は、利通に向かって政府の政策を激しくこき下ろしたうえ、利通のことを強く叱りつけた。

利通はその日記に「御激論に相なり（略）御不平（略）じつに愕然に堪えず」と記すほど

衝撃を覚えた。続いて盟友の西郷に会って東京行きを懇願したが、同じく西郷もきっぱりと上京を固辞した。

こうして得るところなく東京へ戻った利通だったが、同明治三年九月、さらに大きなショックを受ける。薩摩藩が兵部省に差し出していた兵力二千を国元に撤収させ、「以後の兵力提出を免除してもらいたい」という願書を差し出してきたのだ。

軍事力を薩長土肥の軍勢に頼っている新政府にとって、これは大きな痛手だった。

世間では西郷が大軍を率いて上京し、政府を一新するのではないかというデマが流れた。先に述べたように、この時期、久留米藩など九州各地で反政府的な動きが広がっており、新政府の首脳たちは真剣に風説を恐れた。また、土佐藩などでは、西郷が大挙上洛してくる前に先制攻撃をすべきだという意見も出始めた。

ここにおいて政府の大久保利通と木戸孝允は、薩摩の島津久光と西郷隆盛、長州の毛利敬親《たかちか》（前藩主）を上京させて政治に参画させ、薩長の力をもって政府を維持しようと決意する。とくに大久保は明治天皇に、彼らに対する上洛の勅命を出してもらうことにした。

そして、同年十一月末、**岩倉具視**を勅使として木戸孝允、山県有朋らをともなって鹿児島へ向かったのである。

久光は病気(風邪)を理由に即座の東京行きは断ったが、しぶしぶ来春の上京を承諾した。いっぽう西郷のほうはすんなり了解した。ただし、条件をつけた。「自分に新政府の改革の一切をゆだねる」というものであった。一同はその条件を飲んだ。

こうして翌明治四年一月、西郷は鹿児島を発った。

なお、翌年一月、西郷は二十四カ条におよぶ改革案を政府に突きつけた。まず不満に思っていた政府高官の堕落や怠慢を厳しく引き締めることを求めた。さらに政府直轄の府県と全く同じ制度を諸藩にも導入し、勝手に改変させることを禁じる必要を主張した。薩摩藩の藩政改革を担ってきた西郷だったが、意外にも政府権力を集中させるべきだとしたのである。

西郷はまた、政府の軍事力の強化を要求した。具体的には薩摩・長州に土佐を加えた三藩から兵を献納させ、常備軍を創設するべきだとしたのである。

研究者の勝田政治氏は、西郷は一万三千という「膨大な常備軍を維持することは、薩摩藩にとって負担となっていたのである。献兵により、この負担を中央政府に肩代わりさせ、薩摩藩の負担を軽くすることができる。また、親兵化することによって士族の身分が保障されることになる」（『廃藩置県　近代国家誕生の舞台裏』角川ソフィア文庫）と考えたと論じる。

いずれにせよ、西郷の提案は新政府に全面的に受け入れられ、とくに薩長土三藩の献兵（御親兵）も明治四年（一八七一）二月に正式に決定した。そして四月から六月にかけて続々と三藩から兵が上京し、あわせて八千人となった。新政府は全国数カ所に鎮台の本営とその分営を設置し、兵を配置した。

薩長土の協力によって新政府の権力が強化される方向に動くと、実力者で公家の岩倉具視は、さらに尾張、越前、佐賀などの大藩を加え、もっと権力を強固なものにしようと動きはじめた。

また、薩長の有力者の間では、木戸孝允以外の参議（政府高官）を辞職させ、権力を木戸に集中させて政治をすすめようとしたが、木戸が強く固辞したことで、木戸と西郷二人を参議とする体制が明治四年（一八七一）六月に成立した。だが、高官たちの思惑が異なり、この体制はなかなかうまく機能しなかった。

こうしたなか、水面下で廃藩を検討する動きがにわかにはじまる。

❖廃藩計画の舞台裏と直前の「空気」

廃藩置県は明治四年（一八七一）七月に断行されるが、それより二年も前から、自ら藩の廃止を求める動きが出ていた。とくに財政の苦しい小藩に顕著だった。

多くの藩が江戸後期から借金がかさみ、藩士たちへの禄をまともに払える状態ではなかったのである。

当初、廃藩の申し出に対し、政府はなかなかそれを認めようとしなかったが、明治二年（一八六九）十二月、初めて吉井藩（一万石）と狭山藩（一万石）の廃藩願いを受け入れたのである。

これがいわゆる最初の廃藩だったが、その後は十数藩の申請を受け入れた。盛岡藩、徳山藩、津和野藩、長岡藩など、比較的名前の知られている藩もその中に含まれている。

さらに鳥取藩、尾張藩、熊本藩なども、統一国家をつくるべきだという観点から廃藩を申し出るようになった。

政府内でも佐賀出身の**大隈重信**が中央政府から諸藩に官吏を派遣し、統一的な政治をおこなうべきだと主張するようになる。同じく佐賀出身の**江藤新平**も明治三年（一八七〇）末に新政府に出仕すると、明治四年三月、廃藩を求める「御下問案」を提出した。その内容は、四ヶ月後に断行される廃藩置県とほぼ同様のものであった。

このように、**じつは国内には廃藩を容認する空気が醸し出されていたのである。しかし、実際に廃藩を実現させたのは、薩長閥であった。しかも、ごく少数の薩長の高官によるクーデターというかたちをとったのである。**

危機に立つ政府の現状を見て、クーデターによる廃藩を言い出したのは、野村靖と鳥尾小弥太であった。二人とも長州出身で、軍制に詳しい中堅官僚であった。野村は長州藩の改革に取り組んだ経験を持ち、かたや鳥尾は紀州藩に招かれ、先述したすさまじい軍制改革にかかわっていた。

明治四年（一八七一）七月初め、二人が山県有朋の屋敷で話をしているうち、議論が白熱して「廃藩を断行するしかない」という意見を山県に説きはじめた。たぶん山県邸の訪問は、廃藩の入説が目的だったと思われる。山県はこれに賛同し、「政府をになう木戸孝允と西郷隆盛を説得して実現させせよう」ということとなった。

さらに「木戸については、彼の信頼のあつい**井上馨**から話してもらおう」と七月五日、野村と鳥尾は井上邸に押しかけた。

二人は井上に対し「話を聞いてもらえなければ、差し違えるか、首を頂戴する」とその決意を語った。察しの良い井上は、すぐにそれが廃藩に関する話だと悟り、二人にそう指摘した。政府の財政をになう井上も、同じく経済的見地から廃藩の必要性を考えていたので、二人の話を聞いたあと廃藩に同意し、木戸の説得役を率先して引き受けた。

こうして井上は翌六日、木戸の屋敷を訪れ、廃藩の件を打診した。木戸は即座に承諾したのだった。

じつは木戸は三年前から「大勢を察し七百年封建の体を一破し、郡県の名を与え、往々天下の力を一にし、天下の人材を養育せん」(『木戸孝允日記』)と考え、人々に廃藩を説いていた。しかし誰も賛同する者がおらず、仕方なく大久保と話し合うなかで「版籍奉還」という妥協的な案を成立させた経緯があったからだ。

❖なぜ西郷を、あっさり説得できたのか

さて、最大の問題は、薩摩藩の改革に力を入れ、薩摩士族から絶大な支持を得ている西郷隆盛が廃藩に同意するかどうかだだった。

西郷の説得には、山県有朋があたることになった。

井上馨が木戸に廃藩を説いた七月六日、山県も西郷の屋敷を訪ね、おそるおそる廃藩置県を切り出したのである。すると西郷は、「それは宜しかろう」と言ったあと、「木戸の意見はどうか」と言ったのだ。

あまりに簡単に同意したことに仰天した山県は、「まずはあなたの意見を聞かせていただきたい」と言うと、再び西郷は「それは宜しい」と言うではないか。

面食らった山県は、その真意を確かめるため、廃藩が必要な理由を詳しく語り、最後に「血をみる騒ぎになるだろうが、その覚悟がおありか」と尋ねた。

しかし西郷はまた、「私のほうは宜しい」と告げただけであったという。いずれにせよ、この瞬間、「廃藩は成った」そう山県は認識したことだろう。

精強な薩摩軍を握る西郷隆盛の人望は驚くべきものがあり、この男の指示一つで命を捨

てる者は数知れない。

それにしても、なぜあっけなく西郷は薩摩藩（鹿児島藩）を消滅させることに同意したのだろうか。

研究者の松尾正人氏は「西郷自身が封建領有体制の限界をさとっていた点にあると思われる。鹿児島藩の力だけもってしては、もういかなる改革においても、とうてい膨大な数の士卒を扶助することには限度があった。西郷にしたがう鹿児島藩兵を親兵として政府の直轄下に置いたとき、その負担は新たに政府に転化されている。その維持のためには、領有制そのものに対する思い切った変革も避けられなかった」（『廃藩置県』中公新書）と分析する。

いずれにせよ、西郷の同意がなければ、廃藩置県は相当の困難を伴ったはず。そういった意味では、英断として素直に称えるべきだろう。

木戸孝允は、自身も廃藩置県を構想しており、それを「みずから口に出さなかったのは、その慎重さと心配性に起因」（『前掲書』）していただけなので、井上馨から西郷が賛成したことを知ると大いに喜んだ。

実際、七月七日の木戸の日記を見ると、「西郷断然同意の返答を聴き、大いに国家のために賀し、かつ、前途の進歩もまた此において一層するを楽めり」「今日いささか快然の思いあり」(『木戸孝允日記』)と喜びを記している。

かくして七月八日、西郷と木戸は直接会って、「大改革の事件数条を議定す」(前掲書)とあるように、廃藩置県について大まかな合意がおこなわれた。

すでに西郷は、山県から廃藩の相談を受けた六日、みずから大久保利通の屋敷を訪れ、その決意を語った。もちろん新政府側の大久保は、廃藩に大賛成である。

七月九日には維新三傑が顔をそろえ、これに薩摩側から大山巌、西郷従道《つぐみち》、長州側から井上馨、山県有朋などが加わって、かなり入念な打ち合わせがおこなわれた。

七月十日の木戸の日記には「このたびの事件(廃藩)、極秘なり」と記しているように、薩長の一部高官以外には決して漏らさなかった。

なお廃藩置県にあたって、土佐藩の**板垣退助**と佐賀藩の**大隈重信**を、現在の閣僚にあたる参議に登用するか否かが話し合われた。これは薩長によるクーデターだが、土肥勢力を懐柔する必要があったのだ。

このおり利通は、大隈の参議登用に難色をしめしたものの、「このまま政府の自壊を待つより、大英断によって一気に藩をつぶすべき。たとえそれが失敗に終わって政府が瓦解しても、やらないよりもよい」と思い定め、自説を撤回して妥協することにした。

❖廃藩置県を断行し、封建社会を消滅させる

かくして廃藩置県は、七月十四日に断行された。

政府の実力者である三条実美《さねとみ》と岩倉具視にこの計画が知らされたのは、なんと二日前の十二日のことであった。

木戸の日記には、「元来岩卿（岩倉）には前に告げずの論あり。しかるに卿（岩倉）もまた御一新（明治維新）来、関係大事ゆえに」（前掲書）事前に廃藩のクーデターを知らせることにしたとある。

同じ日、三条実美にもこの計画を告げた。

二人は大いにうろたえたものの、もはや同意するしかなかった。かくも慎重に計画は進められたのである。

こうして十四日朝、薩長土肥の知藩事とその代表者を朝廷に呼び出し、明治天皇の勅語として廃藩のことが告げられた。

ついで鳥取藩、尾張藩、徳島藩などの県知事に同様の勅語がくだされた。前述のとおり、この三藩は政府に対して廃藩を申請していたからである。

そして午後二時、これらの知藩事に加えて在京中の知藩事五十六名が呼び出され、天皇から廃藩置県の勅が下された。

この瞬間、地上から藩が消滅したのである。七百年間続いてきた武家政権が終焉した瞬間であった。

知藩事は免官となって東京居住が命じられ、新たに設置された県には、中央政府から役人（県令）を派遣して統治することになった。

当然、主家をつぶされ士族たちは激怒し、少なからず反乱が起こるだろう。そう、このクーデターを計画した者たちは覚悟していた。

廃藩置県を知った政府の高官たちも会議では騒然となった。このとき西郷隆盛が、「もし異議をとなえる藩があれば、軍勢を差し向けて潰す」と宣言したことでもわかる。
ところが、**想定されていた激しい反発は、全くといって良いくらい起こらなかった。**
というのは、廃藩にあたって藩の借財を新政府が請け負い、士族の禄（給与）も政府が支払うと確約したことが大きい。

こうして廃藩置県によって新政府の政治的統一が達成されたわけだが、薩長中心のクーデターであったため、新政府における薩長閥の力は圧倒的となった。そういう意味では、廃藩置県は、薩長による権力奪取だともいえるのである。

いずれにせよ、**唯一の政治権力となった新政府は、以後、税制改革（地租改正）、軍制改革（徴兵令）、教育改革（学制）など全国一律の大きな改革をおこない、殖産興業、富国強兵に邁進することができるようになったのである。**

まさに廃藩置県は、日本が近代国家に転身するための大きなターニングポイントだったのである。

《「最新の日本史」がわかる！⑤近現代》

薩長同盟、新選組、「戦前・戦後の連続性」

近代はペリー来航から太平洋戦争に敗北するまで、現代は戦後から現在までを範囲とし、両方あわせて近現代と呼ぶ。

幕末は戦国時代に次いで人気が高く、とくに坂本龍馬は群を抜く。

しかし近年、龍馬の仲介した**薩長同盟は、倒幕のための軍事密約ではなく、薩摩藩が一方的に窮地に立つ長州藩を支援する口約束であり、京都の一橋慶喜・松平容保《かたもり》らの政治勢力（一会桑政権）を倒す密約だといわれるようになった。**

さらに、龍馬は同盟に関与しておらず、木戸孝允の奮闘で成立したとか、船中八策（龍馬の新政府構想）は存在しないという説も登場している。

そうなると、龍馬のイメージは全く変わってしまう。

同じく人気のある新選組だが、彼らが勇名を馳せた池田屋事件についても、単に不穏な計画を企む志士を捕殺した事件ではなく、新選組の督促により会津藩・桑名藩・一橋家が長州藩との全面戦争を決意しておこしたものだったという説が登場してきた。

明治維新後、日本はわずか四十年で日清・日露戦争に勝って強国となった。しかしその後、朝鮮を併合したうえ満洲を軍事占領し、さらに華北へ進出する。このため日中戦争、さらに太平洋戦争を招き、結果として日本は破滅した。

戦後、日本はアメリカの支援により、民主主義国家に生まれ変わった。つまり、「戦前と戦後のあいだに大きな隔絶や断絶がある」と考えるのが歴史学の常識になっていた。**ところが近年、戦前と戦後は連続性を保っていたという研究が続々と発表されているのである。**

さて、戦後の歴史教育は皇国史観を排除するために停止され、その後、社会科科目として復活した。しかし暗記科目のようになり、教科書の歴史用語も加速度的に増加、大きな問題になっていた。

そこで文科省は、歴史的な見方・考え方を育んだり、歴史的思考力を身につけさせる方向へ舵を切った。

とくに時間切れで近現代を教えない教師が多かったこともあり、近現代の日本史と世界史を融合した**「歴史総合」**という必修科目を新設した。

この科目は、時系列に学習するのではなく、現代の諸課題の淵源をさかのぼり、その解決を考えつつ学んでいくという新しい手法をとる。

ただ、こうしたアクティブ・ラーニング的な学習形態が、今後の歴史学習で定着するかどうかは少々不安である。

6章

《日本史の節目⑥》

日比谷焼打ち事件（1905年）

――大正デモクラシー、本格的政党内閣の時代、軍国主義へ――

日比谷焼打ち事件は、日露戦争の講和交渉で一円も賠償金が取れなかったことに激怒した大衆が、日露講和（ポーツマス）条約調印日に大暴動を起こした事件である。

中学校・高校のすべての教科書に掲載されているのは、この事件を機に大正デモクラシーが始まったというのが通説的理解になっているからだろう。つまり、日本史の画期であり転換点なのだ。

ただ、じつは大正デモクラシーという言葉は、太平洋戦後に学者によって造られた概念。研究者の信夫清三郎《しのぶせいざぶろう》が著書の題名を『大正デモクラシー史』（昭和二十九年）と記して以後、学界、さらに国民のあいだに広まったのである。

大正期を中心に護憲運動・普選運動・社会運動が高まり、民本主義が浸透し、天皇機関説にもとづく政党政治の常態化が起こるが、一般的には、こうした民主主義的風潮をさす語として用いられている。

いずれにせよ、なぜ日比谷焼打ち事件が新しい時代のターニングポイントとなったのか、そのあたりについて記していこう。

❖そもそも大正デモクラシーって？ 揺れる定義

日比谷焼打ち事件は、大正デモクラシーの始期というのが通説になっているが、じつは大正デモクラシーという用語には多様な事象や概念が含まれ、ひとくくりに断じるのは難しく、研究者によっても力点の置き方が異なるのだ。

成田龍一氏も著書『日本近現代史④ 大正デモクラシー』（岩波新書）のなかで、「日露戦争後の一九〇五年ころから、一九三一年九月の『満州事変』前夜までのほぼ四半世紀」は「『大正デモクラシー』と呼ばれ、政党政治が実現し、社会運動が展開した時期として扱われている」が、「仔細に検討すると、『大正デモクラシー』の語は、時期や内容、指し示す対象、あるいは歴史的な評価に至るまで、論者によってさまざまに用いられている。『大正デモクラシー』は、歴史用語としても歴史概念としても、きちんと定義されているとは言い難い」と論じている。

有馬学氏などは「『大正デモクラシー』という概念もしくは枠組みそのものを、日本近代史の論点・争点として検討する意味はほとんどないと思われる」「大正デモクラシーという言葉に、時代を画するような求心的な概念としての役割を見ることはできないし、求められてもいないように思われる」（『「大正デモクラシー」論の現在―民主化・社会化・国民化」『日本歴史』第700号 吉川弘文館）と断じている。

また、藤野裕子氏は、日比谷焼打ち事件を「民衆暴力」「暴動」と呼び、参加者が「派出所に放火する行為や後述のようにキリスト教会を燃やすことは、どのような意味で『デモクラシー』なのだろうか」「暴力をふるった人びとには」、「独自の論理があったのではないか。デモクラシーという価値付けをする前に、暴力の論理にアプローチすることが重要となる」（『民衆暴力―一揆・暴動・虐殺の日本近代』中公新書）と、大正デモクラシーと日比谷焼打ち事件を結びつけることに懐疑的であるうえ、違う観点からの分析の必要性を主張している。

こうなってくると、日比谷焼打ち事件が大正デモクラシーの始期という説は怪しくなってくる。とはいえ、それでも私は、この事件が日本史の大きな節目であったことは間違いないと考えている。そのあたりのことをこれから詳述していこう。

❖国家予算五年分……国民の日露戦争への協力と生活苦

日比谷焼打ち事件は、日露戦争の講和条件の不満に端を発した大暴動である。

政府は大国ロシアを相手とする大戦に勝利するために、戦争勃発早々、国家財政強化のために**大規模な増税**をおこなった。

戦争勃発二カ月後の明治三十七年（一九〇四）四月には、第一次非常特別税を創設して地租を大幅に増やし、営業税や消費税を引き上げ、いくつもの新税を導入している。翌年一月にも非常特別税法を改正してさらなる増税をおこない、その総計は実に一億四千万円に達した。

さらに政府は国内外からの公債で十七億円にのぼる戦費を調達し、辛勝というかたちで一年七ヶ月にわたる戦いに決着をつけた。実際に要した費用は十五億二千万円だったが、これは、日清戦争の七倍で**国家予算の五年分にあたる額だった。**

なお、このうち約四億三千五百万円は国債だったが、その債券全額を国民が自主的に購入したわけではない。府県から郡というルートを通じて町村へ一定の公債額が割り当てられ、半ば強制的に購入を住民に強いたのである。

また、非常特別税法により、「国税増徴が地方税増徴とむすびつかないようにするため、臨時増徴額に対しての地方税の付加税賦課を禁止したり、各種付加税の課税制限、制限外課税の限定などが定められ」（宮地正人著『日露戦後政治史の研究』東京大学出版会）たため、町村は「狭小な独立税領域で膨張する町村費のため零細な税源をあさらざるをえず、戸数割・家屋税等の細民重課・不均衡が必然化し」、その結果、「国税・府県税・町村税という国家財政の巨大な重圧をうけ、町村財政および町村社会はまさに破綻の色を呈しはじめた」（前掲書）のである。

具体的な事例として、東京府南多摩郡忠生村《ただお》（現・町田市の一部）を紹介しよう。同村の漢学者の佐藤荘作は、村の様子について次のように記している。

「此頃（明治三十八年二月）家屋ノ崩《くず》シ売リ流行リテ、十四日、十五日ハ淵ノ辺《ふちのべ》細谷某、十六日、十七日ハ山崎尾作新之助、廿一日ハ小山田《おやまだ》散田小川喜左衛門ト、僅カニ一里以内バカリニ打チ続キテ三所アリ、斯《か》ク繁《しげ》ク競売セバ、オノレト価ノ低下スルハ定マリシ数ナリ、イト愚カナル為ニコソ」

（「佐藤正心家文書」町田市立自由民権資料館蔵）

連日のように村内では、破産して家財を競売にかける村民が続出していることがわかる。荘作は、続けざまに競売を実施すれば値崩れして売値が下がるから「愚カ」な行為だと評しているが、競売日をずらす余裕がない人々が大勢いたのだ。

❖交渉結果に不満を募らせる国民

国民が蒙ったのは、経済的な損失だけではない。

日露戦争の出征者は百三十万人。十年前の日清戦争が十三万人だったので、その数の多さがわかる。しかも九万人（陸軍兵士の戦没率は八・七％）が亡くなり、四十四万人が傷を負ったり病気になったりしたのである。

たとえば先の忠生村は、百四十七名が出征しているが、いずれも一家の主要な働き手だったろうから、留守家族の経済的・精神的打撃は計り知れない。しかも十九名が戦病死しているから、出征者の一三％が生きて還ってこなかった計算になる。

また、戦争開始半年後の時点で、二十四名の兵士が負傷や病気で戦闘不能に陥っている。その後、仕事や生活に差し支えた兵（いわゆる廃兵）もいたはずだ。

けれど国民は勝利を信じて重税に耐え、兵士や馬を戦場へ供給し、国債購入や献金に応じ、さらには戦地の兵士に物資や金銭を寄付し、兵士の留守家族を全体で支えてきた。

明治三十八年（一九〇五）五月、**日本海海戦**の大勝利により、翌月、ロシア皇帝ニコライ二世は、アメリカのルーズベルト大統領の仲介を受け入れ、ポーツマスで講和交渉に入ることに同意した。海戦の敗北に加え、ロシア国内で革命運動が高揚していたことが、この決意を後押しした。

日本の戦争目的は、ロシアの南下を防ぐことにあった。だから我が国の韓国における絶対的優越権をロシアに認めさせることが最低限の条件だった。

日本にもう戦争継続の体力がないことはロシアも知っており、日本も賠償金が獲得できるとは考えていなかった。

だが日本国民はそうは考えていない。マスコミの誇大報道により大勝したと信じていた。

しかも同六月には戸水寛人《とみずひろんど》ら七博士らが、安易な講和を否定して戦争の継続を叫び、「もし講和するなら、土地の割譲に加えて賠償金を三十億円獲得しろ」と無茶な講和条件を新聞紙上に掲載して国民をあおった。

この時期の新聞は、国民の識字率の上昇にくわえ、戦争のお陰で各紙とも急激に部数を伸ばしており、国民に大きな影響を持つようになった。しかも戦勝の誇大ニュースを載せると部数が増えるものだから、毎回ロシア軍に大勝しているように書きたてたのだ。まだメディアリテラシーが育っていなかったため、庶民は記事を真に受け有頂天になっていた。

余談ながら、新聞は戦地の兵士にも人気だった。

じつは兵たちは、自分がどんな作戦に従事して戦っているのかを正確に把握できていなかったのだ。それゆえ、現況を理解するため、郷里の人びとに手紙で情報提供を頼み、さらに新聞紙の発送を強く求めた。

忠生村の青年会会長だった天野佐一郎のもとには、出征兵士の軍事郵便が多く届いたが、加藤映一の手紙（明治三十八年十月三十日付）には「面白き新聞、本送賜被下難有」とある。

また佐藤満太郎の手紙（明治三十八年十月十一日付）にも「御新聞を御送附被下有がたく奉謝候」とあり、佐一郎が盛んに新聞紙を送っていたことが判明する。

さて、そんな軍事郵便の一つに小川勝太郎のものがある。日付は明治三十八年六月二十五日で、ちょうど講和交渉が決まった頃のもの。

要約を紹介すると、

「アメリカの仲介で講和交渉が開かれるそうだが、油断ならないロシアに対しては十分警戒がいる。私たちは目的をとげるため力闘するから、あなたたちは姑息な講和をしないでもらいたい。また十年後に戦争するようでは、私は白髪頭になって戦わなくてはならないからな。国民はぜひしっかりしてほしい」

と記されている。

勝太郎は十年前の日清戦争にも出征し、この日露戦争では出征した弟の民蔵を失っている。こうした経歴を知ったうえで読むと、勝太郎の気持ちがよくわかる。

❖**爆発する不満……日比谷焼打ち事件の勃発**

明治三十八年（一九〇五）八月十日からポーツマスで講和交渉が始まった。日本の全権は外相の**小村寿太郎**。ロシアの全権は**ウィッテ**であった。

小村は国民感情を考慮し、賠償金と樺太全島の割譲に最後までこだわった。最終的に小村はウィッテに秘密会談を提案し、ロシアの抑留艦の取得は放棄すること、樺太全島の割譲要求を引っ込め南半分で満足することなどを告げ、かわりに十二億円の賠償金を支払うことに同意させたのだ。

だが、ロシア政府が拒否したため、交渉は決裂した。このため両国の全権団は帰国の準備をはじめたが、八月二十九日の深夜、小村のもとに日本政府からの訓電が入った。「賠償金の獲得は断念し、樺太の南半分を確保すればよい」というものだった。これにより、翌日の最終会談で急転直下、講和条件が妥結したのである。


ただ、講和内容が明らかになると、新聞は一斉に小村や**桂太郎内閣**を非難した。

九月一日の大阪毎日新聞は「アア死体的講和、宜しくまさに弔旗を掲げ、喪服を着けてこれを迎うべし」と揶揄《やゆ》、万朝報は「弔旗を以てせよ。武功によりて内外に宣揚したる帝国の光栄を、残りなく抹殺したるは我が全権なり。戦勝国の顔に泥を塗りたるは、我が全権なり」と全権の小村寿太郎を罵倒。

東京朝日新聞も「開戦以来連戦連勝の我が日本帝国は、何が故に今回のごとき屈辱に甘んじてまでも、講和の成立を図らざるべからざりしか、五千万の民衆は皆慨然として、当局有司の不甲斐なきを憤らざるはなし」と非難した。

講和を全面的に支持したのは、政府の御用新聞的な**徳富蘇峰**《そほう》の国民新聞だけであった。

各新聞で講和内容を知った国民は、口々に政府を罵り、「首相を殺す」といった物騒な投書も相次ぎ、日本中が不穏の空気に包まれ始めた。

忠生村の地方名望家の高梨道助も、出征兵士の牧野俊蔵に宛て「講和も弥々成立候へとも、其條件、戦捷の利権を踏ミ潰したるものなるをもて全国民の憤慨ハ非常にして」、「出征軍士間ニ於ても此ヘボ講和を歓迎するものハ決して無之と信じ候」（「高梨理由家文書」町田市自由民権資料館蔵）と怒りの言葉を記している。「ヘボ講和」とはずいぶんな言いようだが、これが正直な国民の気持ちだった。

こうした中、講和問題同志連合会が講和条約反対の国民大会を企画した。この会は、戦争継続を主張する対露同志会が講和に反対する諸派を集め、かつて自由民権運動のリーダーで、衆議院議長だった河野広中《こうのひろなか》を奉じてつくった組織である。

講和問題同志連合会は九月五日を期して大規模な講和反対集会を日比谷公園で開くと、各新聞を通じて大々的に報道させ、大量のビラを撒いた。

しかし警視庁は、治安上の不安からこの大会の中止を決定し、それを通告するため講和問題同志連合会の幹部である小川平吉に出頭を求めたが、彼はこれを拒んだのである。そこで別の幹部・高橋秀臣に通告したが、会は命令を拒否する旨を警察に伝えた。

そこで警視庁は治安警察法を適用して強制的に中止させることに決めたが、幹部たちは一斉に役員を辞職してしまった。

こうして責任者の所在がどこにあるかわからない状態で当日を迎えたのである。

警視庁は、集会を断固開かせまいとして、日比谷公園の諸門を丸太柵などで塞ぎ、約四百名の警察官を配置して中へ入れないようにした。しかし公園の周囲には続々と人が集まり、この封鎖を知って激昂しはじめた。

というのは、日比谷公園ではたびたび大衆が集まる戦争イベントがおこなわれており、こんな無体なやり方は初めてだったからだ。

たとえば半年前の東京市主催の奉天陥落祝勝会では五万の群衆が公園に集まり、桂太郎首相以下閣僚、東京府知事、陸海軍の高官などが参列し、花火を打ち上げるなど盛大な会が実施されている。

また、わずか三カ月前の日本海海戦を祝う東京市主催の祝勝会でも、東京市長はじめ、閣僚などが参列し、園内に大衆を入れて、花火や剣術の試合、今様や能狂言が演じられ、さらに見世物や余興がおこなわれた。

にもかかわらず今回、日比谷公園は警察によって封鎖されたわけだ。しかも警察官は当時、国民に威張り散らしていたので、人びとから嫌われていた。このため、激昂した大衆の一部が警察官の制止を振り切って、群衆が公園に乱入したのである。

日比谷焼打ち事件の始まりだ。

参加した大衆の数については諸説あり、数千から八万人まで幅広い。

公園で気勢を上げた群衆だが、やがてその一部は、弔旗をかかげながら公園から出て二重橋前広場へ移動、そこで君が代を歌いはじめた。このとき警官隊が強引に止めに入ったことで、激しい乱闘が始まり、流血の惨事となった。

この頃から大会に参加していない者たちが騒動に加わりはじめたとされる。その多くは職人や車夫などの下層民だった。

その後、群衆は数を増やしつつ、いくつかに分かれながら大通りを練り歩き、うち一団が政府寄りの国民新聞社を襲撃しはじめた。さらに別の一隊は、なんと警察を管轄する内務大臣官邸を包囲したのだ。しかも次々と石を投げつけ、ついには邸内に乱入、火を放ったのである。

ここにおいて、警備責任者の警視庁第一部長の松井茂は、警察官の抜刀を許可した。だが、これが群衆の怒りに火をつけ、警察署や交番二百箇所が次々と襲撃されていったのである。

翌日には市電十一台が焼き打ちにあい、あまりの参加人数の多さに、ついに政府は**戒厳令**を発令した。

こうして軍隊が出動、ようやく騒動は鎮静化したのだった。

ただ、軍隊の圧倒的武力が大衆を制圧したのではない。命をかけて戦争を戦った兵士を敬愛するあまり、大衆が兵士との衝突を忌避したのである。警察とは対照的に、大衆は軍隊を尊崇していたのである。

✣新聞、大衆、暴力装置の浸透……軍国主義へ

この事件は、新聞というマスメディアが世論を形成し、さらに大衆を大動員して暴力や

威圧というかたちで、政治を動かしたという意味での画期だといえる。

たとえば、研究者の筒井清忠氏も、次のように述べている。

「こうした講和条約反対運動の形成にあたっては」、「新聞社もしくは新聞記者グループが中軸になり、そこに政党人、実業団体員、弁護士が加わって中核体が構成されているのである」「こうして新聞に支えられた講和条約反対運動が日比谷焼き打ち事件のような暴力的大衆を登場させ、またのちの護憲運動・普選運動をも準備したのである」

(『戦前日本のポピュリズム 日米戦争への道』中公新書)

このように、新聞が暴力的大衆を動員して政治を動かす時代に入ったのである。

ただし、その新聞自体も、大衆の意向にはあらがうことができなかった。逆らえば、国民新聞の二の舞になるし、部数が大減少して経営が立ちいかなくなるからだ。

じつはすでにその傾向は、日露戦争の前から起こっていた。国民の多くが対露主戦論に賛同するようになると、多くの新聞が大衆に迎合するかたちで主戦論をあおった。結果、ますます大衆は主戦を叫び、反戦的な立場を維持していた万朝報は、急激に部数を減らし、ついに経営のため主戦論に転じている。

このように、**新聞と大衆は車の両輪のように、ぐるぐると廻りながら雪だるまのように膨張し、その力で日本の政治を押し動かすようになったのである。**

とくに大衆は、心地よさを覚えるナショナリズムを好んだから、新聞はそれに迎合・煽動し、結果としてさらにナショナリズムが高揚していった。そうした流れを右翼や軍部がうまく活用、大衆の支持を得て軍国主義化が進んでいったと考えて良いだろう。

なお、そんな**軍部という巨大勢力の基礎が形成されたのは、日比谷焼打ち事件が起こった明治三十八年（一九〇五）であった。**

日露戦争後、陸軍はロシアやアメリカとの戦いに備え、百万の帰還兵がすぐに出撃できる体制を維持しようと、各市町村での在郷軍人の組織化を奨励したのである。

こうして各地に在郷軍人会が生まれると、明治四十三年（一九一〇）、陸軍は全国の在郷軍人を統轄する**帝国在郷軍人会**をつくったが、郷土の代表として命を擲《なげう》った在郷軍人たちは、青年会などと連携しながら、村の中で大きな政治力を持つようになった。

さて、日比谷焼打ち事件を機に大きく変わったのが、警察の姿勢である。

これまで権力で大衆を押さえつけていたが、国民に抜刀したことを反省し、「それまでの強権的・強圧的な取り締まりを改めて」、「『警察の民衆化、民衆の警察化』が推し進められ」「青年団・在郷軍人会などを基盤に、安全組合・自衛組合・保安組合といった自警組織が、警察の指導のもとに各地域でつくられ」「警察機能が地域社会のなかに浸透していった」（藤野裕子著『民衆暴力――一揆・暴動・虐殺の日本近代』中公新書）とされる。

そう、ここでも在郷軍人会が大きな力を発揮しているのだ。

さらに藤野氏は、「日露戦後の日本には、都市暴動という新たな形の民衆暴力が湧き上がり、近代国家の統治にほころびが見えた。これに対応して、軍隊・警察という国家の暴力装置を地域社会の内部に浸透させるような再統合が図られた。準警察・準軍隊の組織が地域に恒常的に存在するようになった」（前掲書）と、日比谷焼打ち事件の画期性を指摘している。

つまり、**日比谷焼打ち事件を契機に、新聞が生み出した暴力的大衆が巨大な政治力を持つようになり、同時に地域に軍隊・警察という暴力装置が浸透し、日本の軍国主義化への道筋をつくったのである。**

7章

《日本史の節目⑦》

ノモンハン事件（1939年）

——日本の軍事政策の大転換。太平洋戦争へ——

アジア・太平洋戦争で日本は、壊滅的なダメージを受けて敗北した。戦争では数え切れない日本人が命を失い、諸都市は焦土と化した。戦後は実質的にアメリカの占領下に入ったが、他国に支配されるのは初めてのうえ、武器を奪われ、植民地も放棄させられるという屈辱的な状況におかれることになった。

ただ、そもそも考えてみれば、戦争を始めたこと自体が大きな間違いなのだ。広大な中国大陸を日本の兵力で完全に支配するのは不可能だし、アメリカと全面戦争できる国力がないのは、諸データを見れば一目瞭然である。

にもかかわらず、戦争に突入してしまったのは、たびたびボタンを掛け違えたからだった。何度も引き返すチャンスや違う進路があったにもかかわらず、誤った道を選び続けた結果が、この大敗北を招いたのである。

今回、紹介するノモンハン事件も、そんな失敗への大きなターニングポイントの一つだといえる。

これから詳しく、この事件の経緯と影響を見ていこう。

❖経済不況と関東軍の暴走……満州事変へ

まずノモンハン事件を理解するためには、日中関係を理解する必要があるので、簡単に**満州事変**からの流れをおさえておこう。

第一次世界大戦で空前の好景気を経験した日本だったが、大正九年（一九二〇）に戦後恐慌に見舞われてから十年以上不景気が続いたうえ、昭和五年（一九三〇）には世界恐慌が波及して**昭和恐慌**が到来した。国民は政党内閣に失望し、軍部に期待するようになる。この支持を背景に**関東軍**が暴走していく。

関東軍は、満州に駐留する日本軍である。**ポーツマス条約**でロシアから得た関東州（南満州の一部）と満鉄を守備するために駐留した陸軍部隊が、大正八年（一九一九）に独立して関東軍となったのだ。

関東軍は昭和六年（一九三一）九月、自分たちで奉天郊外の柳条湖で満鉄線路を爆破し、**蔣介石**の国民政府（中国を統治していた政権）の仕業だとして中国基地への攻撃を開始（**柳条湖事件**）する。日本列島の三倍近い面積を有する満州を占領しようとしたのだ。

こうして始まった満州事変だが、若槻礼次郎内閣は不拡大方針を公表した。

ところが関東軍はこれを無視して行動を拡大、朝鮮に駐留していた林銑十郎率いる朝鮮(駐箚《ちゅうさつ》)軍も勝手に越境して関東軍の支援を始めた。すると軍中央も関東軍の行動を追認。事態を収拾できないと考えた若槻内閣は総辞職した。

一方、不況に苦しむ国民の多くは、関東軍の行動を熱狂的に支持した。

翌年、関東軍は占領下においた奉天・吉林・黒竜江省(東三省)に**満州国**を樹立した。国の執政(リーダー)には、清朝最後の皇帝だった**愛新覚羅溥儀**《あいしんかくらふぎ》が就任するが、完全に関東軍の傀儡国家だった。さらに関東軍は、北の興安省と西の熱河省へも進軍した。

ただ、日本陸軍は満州だけでは満足せず、昭和十年(一九三五)から満州に隣接する華北五省(河北・山東・山西・綏遠《すいえん》・チャハル省)を中国から切り離して勢力下におこうとした(華北分離工作)。

陸軍がこれほど広大な地を支配しようとするのは、関東軍参謀・石原莞爾《かんじ》の世界最終戦争論の影響が大きかった。石原は、「日本はアメリカと航空機戦を中心とする最終戦争を戦うことになるので、それに耐えうる国力をつける必要がある。だからまず、五カ年計画で経済力をつけてきたソ連が満州を奪う前に日本の植民地にし、持久戦となってもアメリカと戦える国力を保持すべきだ」と考えたのである。

さらに、満州事変は経済的な理由も大きかった。

世界恐慌から脱するため、イギリスやフランスなどは、他国の商品に高関税をかけたり輸入制限をおこない、自国と植民地とのあいだ（ブロック経済圏）で保護貿易政策をはじめた。このため、日本の商品は売れなくなった。

こうなってくると、植民地が少ない帝国主義国家は不利だ。だから新興国のドイツやイタリアは植民地の再分配を求め、軍事力を強化して他国へ侵攻し植民地を増やしていった。同じく日本も本土・台湾・朝鮮・満洲と支配地を拡大し、ブロック経済圏（円ブロック）の確立を目指したのだ。

❖日中戦争の泥沼化と張鼓峰《ちょうこほう》事件

国民政府の蔣介石は**毛沢東**の共産党との内戦を優先し、日本軍の侵略を黙認してきたが、華北分離政策が進むと方針を転換、共産党と手を組んで中国から日本勢力を排除しようと決意した。
そんな状況の昭和十二年（一九三七）七月七日、日本の支那駐屯軍が北京郊外の盧溝橋《ろこうきょう》付近で夜間の軍事演習をしていたさい、銃撃をうけた。これを中国軍の攻撃だと考え、日本軍は中国軍に戦いをしかけて戦闘に発展した。世にいう**盧溝橋事件**である。紛争は現地で停戦が成立したが、近衛文麿《ふみまろ》内閣が軍部の意向を受け増派を決定したのである。

すると共産党と連携した国民党の蔣介石は徹底抗戦を宣言、日中両軍の全面衝突に発展してしまう。ドイツが仲介にはいって講和交渉(トラウトマン和平工作)がおこなわれるが、近衛内閣は相手への条件を厳しくするなどして破綻させた。

陸軍参謀本部などは、広大な中国との全面戦争は、ソ連に対する備えを薄くすると反対したが、近衛内閣はさらに**「国民政府を対手とせず」**という声明を発表し、講和・交渉の相手である国民政府を否認して戦争収拾の道を自ら閉ざした。

こうして日中戦争が泥沼化するなか、列強諸国は国民政府を支援するようになる。ソ連も支援国の一つであった。蔣介石が中国共産党と手を結んだからである。

ここで日ソ関係について簡単に説明しよう。

第一次世界大戦中に**ロシア革命**が起こると、日本はアメリカやイギリスとシベリアに出兵して革命を牽制、ソ連が誕生したあとも日本軍はシベリアに駐留し続けたが、大正十一年(一九二二)に撤兵し、同十四年に**日ソ基本条約**を結んで国交を樹立した。

だが、天皇制を国体とする日本は、社会主義国家であるソ連を警戒し続けた。日本の傀儡である満州国が樹立されると、その国境はソ連と接するようになり、国境付近では小さな紛争がたびたび起こり緊張状態が続いていた。

日中戦争が始まると、今述べたようにソ連が国民政府を支援したこともあり、日ソ関係はさらに険悪となった。ソ連は国民政府と相互不可侵条約を締結し、同政府に大量の軍需物資を輸送するとともに、極東に軍備を増強するようになる。

そして昭和十三年（一九三八）七月、ソ連軍がソ連・満州国・朝鮮の国境地帯にある張鼓峰（豆満江下流の小丘陵）に陣地を構築したのである。このため朝鮮に駐留する日本軍は、第十九師団を送って張鼓峰周辺のソ連軍を撃退した。しかしこのとき昭和天皇は武力行使を認めず、ゆえに大本営も許可していなかった。なのに勝手に動いたわけだ。

このように関東軍をはじめ海外の大陸や半島に駐屯する日本陸軍は暴走する傾向が強く、これが結果として日本を破滅に追い込む一因となる。

現地の日本軍が武力行使に出たのは、ソ連が日中戦争にどれほど本気で介入してくる気かを判断する材料にするためだったといわれるが、日本が張鼓峰を占拠するとソ連は激しく張鼓峰を攻め立てるようになった。

八月に入ると、さらに機械化された部隊を続々と集結させ、日本の三倍の勢力で戦いを挑んできた。こうして激戦となり、日本軍（第十九師団）は五二六名の戦死者を出し、戦傷を含めると二二％を超える損害率となった。

この苦戦は、日本軍中央が張鼓峰に増派しなかったことも大きい。ソ連が日中戦争に本格参戦することを警戒し、大本営が不拡大方針をとったからである。

ただ、近年公開されたソ連側の資料によると、日本軍に比べてソ連軍は倍近い規模の犠牲者を出していたことが判明した。日本軍は寡兵で善戦していたのである。

とはいえ、ギリギリの段階で張鼓峰を維持している状況ゆえ、結局、日本政府からソ連へ停戦を求めることになった。こうして八月中に停戦が成立したわけだが、この武力衝突で日本軍は、ソ連軍が大量の戦車や重砲、航空機を所有する機械化部隊に転身しており、その手強さをはっきり知った。**にもかかわらず、何も対応しなかったことで翌年のノモンハン事件の失態を招くことになったのである。**

❖「ノモンハン事件」という名の戦争

翌昭和十四年（一九三九）五月、再びソ連との間で国境紛争が勃発する。ハルハ河東岸の**ノモンハン**と呼ぶ満州国とモンゴル人民共和国（外蒙古）の国境地帯である。

モンゴル人民共和国は、ソ連の支援で中国から独立したばかりだった。ノモンハンは満州国もモンゴルも自国の領土と主張する地域である。

五月十日から両国軍の衝突が始まり、日本軍（第二十三師団）はいったんモンゴル軍を退却させたが、ソ連軍が応援に来てモンゴル軍と共に再びノモンハンに陣地をつくりはじめた。

そこで日本軍は一部をノモンハンに派遣したがその主力は全滅した。なおかつ、ソ連軍は大量の航空機や重火砲、そして戦車を含む大兵力をノモンハン付近に集結させたのである。このため日本側（関東軍）も漸次兵力を増やしていった。

じつは、紛争が起こる一月前、関東軍の作戦参謀・辻政信が「満ソ国境紛争処理要綱」を作成、それが関東軍全軍に通達されていた。国境線をしっかり確定させ、もし紛争が起こったら兵力の多寡に関係なく武力を行使して勝てという内容だった。

この要綱が事件を拡大したのは間違いないとされる。

こうしてノモンハンをめぐって日本軍とソ連・モンゴル連合軍の大規模な衝突が始まると、さらに国境紛争という範疇を超え、互いに敵の陣地を激しく空爆しあうようになる。

こうなるともう事件というより、その規模からして完全な戦争であった。

ただ、大本営や軍中央は、敵陣地への空爆は認めていないし、戦いの規模の拡大も赦していない。つまり、**またも関東軍（満州国を守備する日本軍）が暴走したのである。**

なお、日本の戦車はソ連軍にまったく歯が立たず、第一戦車団は帰還を余儀なくされ、戦いは次第に日本側が劣勢に立たされていった。

日中戦争が泥沼化しつつあるおりゆえ、この事態を早期に解決すべきだという意見もあったが、結局、現地の関東軍は戦線を拡大していき、第二十三師団を全面投入していった。

ただ、大本営は援軍を送らなかったので、兵力は敵の四分の一程度（異説あり）だった。

しかもソ連の機械化部隊には歯が立たず、約一万七千人の死傷者を出して完全に第二十三師団は壊滅状態となった。

師団の約三割が戦死したというから、大敗北だといえる。

ただ、近年、ソ連・モンゴル軍のほうが犠牲者が多く、戦いでは日本軍のほうが優勢だったことが判明している。壊滅的な打撃を受けたものの、関東軍の参謀たちは負けていないという感覚が強かった。これは軍中央との大きな違いだろう。また、武器についてもソ連軍の高度な機械化は事実に反するという説もある。

なお、日本軍とソ連・モンゴル軍が激戦を演じている最中の八月二十三日、驚くべき外交上の出来事が起こった。**独ソ不可侵条約**が結ばれたのである。これまで反目していたドイツとソ連が手を組んだのである。じつは日本は、ソ連など共産主義に対抗するため、昭和十一年(一九三六)、**日独防共協定**(翌年イタリアが参加)を結んでいた。ところが日本にまったく知らせることなく、ドイツはソ連と不可侵条約を結んだのである。

この外交上の失態を受け、平沼騏一郎内閣が総辞職してしまったのである。さらに、である。翌九月一日、ドイツ軍がポーランドに侵攻、するとイギリスとフランスがドイツに宣戦、**第二次世界大戦**が勃発したのである。

この事態の急変を受け、大本営は関東軍に戦闘の停止(三日間)を厳命、その間に日本政府はソ連に停戦を申し入れた。しかも国境は、ソ連とモンゴルの主張するラインを受け入れてしまった。

つまり**結果を見れば、ノモンハン事件は日本側の敗北に終わったのである。**

✣北進論の放棄と、機械化を学ばなかった日本軍

さて、寡兵な日本軍が優勢だったノモンハンでの戦いだが、大本営はこれ以後、ソ連への対応は極めて慎重になった。積極的にソ連と対峙すべきだという北進論が影を潜めたのである。またこの事件での責任を負わされ、関東軍の参謀の多くは予備役に編入された。

いっぽうのソ連は、日本との全面戦争の憂いがなくなると、ドイツに続いてポーランドへ侵攻していった。

逆に日本では**南進論**が台頭してくる。東南アジアへの進出である。

日中戦争は二年以上が過ぎても終わる気配がなく、八十五万人を超える将兵を投入し続けたので、日本国内では物資の不足が深刻化しはじめる。どうにかして国民政府を降伏させたいが、イギリス、アメリカ、フランス、ソ連などが大量の物資を送り続けているので困難だった。逆に**日本に対して列強諸国は、経済制裁を強化する一方だった。**

このため、石油やボーキサイトなど資源が豊富な東南アジアへ進出しようというのが南進論である。北進論が消滅したのに加え、ドイツが連戦連勝を続け、フランスを降伏させ、イギリスを追い詰めていた。それがますます国民の南進論への支持を過熱させた。

このため日本政府は昭和十五年（一九四〇）に**日独伊三国同盟**を結び、さらに翌年、ソ連と**日ソ中立条約**を結んだのである。こうして北進論を完全に放棄した日本は、ドイツの勝ちに乗じて、英米との戦争覚悟でフランス領インドシナなどへの進出を開始してしまう。

その結果、アメリカが大いに怒り、日本への石油輸出を止め、結果として日本が暴発するようなかたちで太平洋戦争へなだれ込んでいくのである。

ノモンハン事件による北進論の衰退・放棄からの南進政策の実施が、こうした流れをつくったわけで、まさにノモンハン事件は歴史のターニングポイントなのである。

それだけではない。ＮＨＫスペシャル「ノモンハン 責任なき戦い」の制作にあたった田中雄一氏は、その著書『ノモンハン 責任なき戦い』（講談社現代新書）で「日本はなぜ無謀な太平洋戦争に突き進んだのか。国家の破綻を避けることができなかったのか」という問いを発し、「戦後、数多くの識者や専門家たちが投げてきたこの問いにひとつの示唆を与える出来事が『ノモンハン事件』である」と明言する。

さらに「ロングセラーとなった『失敗の本質』（戸部良一他）も、ノモンハン事件を「失敗の序曲」というべき戦いと位置づけている」として「情報の軽視、兵力の逐次投入、軍中央と現地部隊の方針のずれなど、そこには太平洋戦争で噴き出す日本軍部の欠陥が凝縮されていた」と論じ、「ノモンハン事件を太平洋戦争へのポイント・オブ・ノーリターンだとするならば、日本軍はなぜそこで立ち止まり、進むべき道を再考できなかったのだろうか」と述べている。まさにその指摘どおりだと思う。

ちなみにノモンハン事件の責任者の一人とされた辻政信は、一時左遷されたが、昭和十六年（一九四一）に復権し、真珠湾攻撃と同時におこなわれたマレー半島奇襲上陸の作戦を主導し、その後も軍中央の命令を軽視して独断で戦いを進めていった。その後も辻のせいで、作戦に大きな混乱や支障を何度も招くことになった。

❖日ソ中立条約を信じた失敗

さて、太平洋戦争勃発後の関東軍についても見ておこう。

昭和二十年（一九四五）二月、アメリカのローズベルト大統領、イギリスのチャーチル首相、ソ連のスターリン首相が**ヤルタ会談**をおこない、ドイツの戦後処理と対日戦争方針が話し合われた。このとき米英はソ連に対日参戦を求め、スターリンは正式にこれを受諾した。ソ連の対日参戦はドイツ降伏後二〜三カ月後と決定された。

かくして同年四月、ソ連は日本に対して日ソ中立条約の不延期を通告してきた。また、ソ連は満州国境付近に急速に軍事力を増強していった。軍部はソ連が宣戦布告してくる日は近いと考え、鈴木貫太郎内閣の東郷茂徳外相に外交力でこれを防止することを求めた。

東郷は首相、陸相、海相、参謀総長、軍令部総長六人だけの最高戦争指導者会議を秘密に開き、ソ連対策をはかった。会議では「ソ連から好意的中立を獲得するとともに、戦争終結の仲介をさせる」という方針が決まり、これをもとに東郷は日ソ交渉を開始する。

まず広田弘毅元総理に依頼してソ連駐日大使マリクを介し仲介交渉をスタートさせた。同時に近衛文麿元首相を外交特使として派遣したいとソ連側に打診した。だが、ソ連はその依願をのらりくらりとかわすような態度をとった。ヤルタ会談で対日参戦方針が決定していたのだから当然だろう。

八月九日、ソ連軍が満州国の国境を越えて領内へなだれ込んできた。中立条約の不延長を通告したとはいえ、まだ条約の期限は切れていなかったのにもかかわらずである。

ただ、これを想定して関東軍は満州国大部分の放棄を決め、朝鮮国境に近い満州東南部で徹底抗戦を想定、陣地づくりをおこなっていた。しかし、日本人居留民や開拓団にはこの事実は知らされなかった。軍は国民を見捨てたのである。

当時、関東軍は八十五万人の兵数を抱えていたが、精強だったのは過去の話で、精鋭部隊の多くは沖縄戦へ転出してしまっており、本土決戦にそなえて本土へ引き抜かれる師団も多く、満州の在郷軍人を無理矢理徴兵していた。本土から到着した兵も未熟な者が多かった。くわえて重火器は太平洋戦線へまわされ、関東軍の三人に一人しか小銃が行き渡らないほど兵備は貧弱となっていた。だから満州国の守備を放棄せざるを得なかったのだ。

ソ連軍は、日本が無条件降伏した八月十四日を過ぎても軍事行動をやめず、朝鮮半島へも侵攻していった。そして軍人・民間人を含めて捕虜とし、軍人はシベリアのバム鉄道の建設工事をはじめとする強制労働に駆り立てた。極寒地域での重労働だったうえ、満足な食糧も与えられなかったから、日本人捕虜は次々と死んでいった。

その後の交渉により昭和二十一年（一九四六）から日本人抑留者の送還がはじまるが、研究者の調査によれば、ソ連に抑留された日本人捕虜のうち約六万人が死亡したといわれている。

こうした悲劇が起こったのも、その遠因はノモンハン事件にあったといえるのではなかろうか。

おわりに

日本史の大きなターニングポイントとして、七つの出来事を詳しく紹介した。

おそらく本書を一読してくださったみなさんは、私がなぜこの七つを選んだか、その理由を十分納得してくださったと確信している。

とはいえ、大きな変化や転換が突然起こるわけではない。少し前から、その予兆になるような小さな出来事が次々に発生し、積み重なってきているのだ。別の言い方をすれば、地下深くからマグマがふつふつとのぼってきて、火口付近まで顔を見せているのだ。

そして、思わぬ出来事がきっかけとなって、山は一気に崩れ落ち、あるいはマグマが吹き出して、歴史は劇的に動いていくものなのである。

さて、コラムでも触れたとおり、高等学校の教育課程が大きく変わる。日本史分野では「歴史総合」と「日本史探究」という二つの科目が誕生する。

別項で述べたように、歴史総合は日本史と世界史の融合科目（範囲は近現代のみ）で、必修科目として全員が学んだうえで、日本史を選択した生徒が「日本史探究」を学ぶことになる。

この科目は、それまでの日本史科目とは学び方がかなり異なっている。文科省の学習指導要領では、単に知識を覚えるのではなく、思考力・判断力・表現力を身につけることが重視されている。

そして、その手段として「時代の転換」と「画期」を認識することの大切さが明記されているのだ。

つまり、「日本史のターニングポイントをしっかりつかみなさい」と言っているわけだ。歴史の転換点や画期を理解する力は、これからの時代の流れや動向を認識する先見力となり、その人の将来に大いに役立つからだろう。

これから日本史を学び直そうとする方は、ぜひターニングポイントを意識しながら理解するようにするといいと思う。

河合 敦

【参考文献】

義江明子著『日本史リブレット人006 天武天皇と持統天皇』（山川出版社）
田端泰子著『日本史リブレット人040 足利義政と日野富子』（山川出版社）
遠山美都男著『天武天皇の企て 壬申の乱で解く日本書紀』（KADOKAWA）
桃崎有一郎著『武士の起源を解きあかす』（筑摩書房）
高橋典幸　五味文彦編『中世史講義 ――院政期から戦国時代まで』（筑摩書房）
千田稔著『伊勢神宮 ――東アジアのアマテラス』（中央公論新社）
千田稔著『平城京遷都』（中央公論新社）
筒井清忠著『戦前日本のポピュリズム 日米戦争への道』（中央公論新社）
藤野裕子著『民衆暴力 ――一揆・暴動・虐殺の日本近代』（中央公論新社）
田中克彦著『ノモンハン戦争 モンゴルと満洲国』（岩波書店）
吉村武彦著『大化改新を考える』（岩波書店）
田中雄一著『ノモンハン 責任なき戦い』（講談社）
早川万年著『壬申の乱を読み解く』（吉川弘文館）
渡邊大門著『戦国誕生 中世日本が終焉するとき』（講談社）
佐藤信著『古代史講義【戦乱篇】』（筑摩書房）
日下力訳注『保元物語』（KADOKAWA）
勝田政治著『廃藩置県 近代国家誕生の舞台裏』（KADOKAWA）
落合弘樹著『秩禄処分 明治維新と武家の解体』（講談社）
辻政信著『ノモンハン秘史 完全版』（毎日ワンズ）
元木泰雄著『保元・平治の乱』（KADOKAWA）
久保健一郎著『列島の戦国史1 享徳の乱と戦国時代』（吉川弘文館）
大薮海著『列島の戦国史2 応仁・文明の乱と明応の政変』（吉川弘文館）
倉本一宏著『戦争の日本史2 壬申の乱』（吉川弘文館）
前田愛著『前田愛著作集 4 幻景の明治』（筑摩書房）
森田悌著『天智天皇と大化改新』（同成社）
社会問題資料研究会編『所謂日比谷焼打事件の研究』（東洋文化社）
松井茂著『日比谷騒擾事件の顛末』（松井茂先生自傳刊行會）
吉原啓著「天武・持統・文武天皇の富本銭発行」『万葉古代学研究年報』第十八号所収
武澤秀一著『伊勢神宮と天皇の謎』（文春新書）
高島正人著『藤原不比等』吉川弘文館
元木泰雄著『保元・平治の乱を読みなおす』（NHKブックス）
武藤長蔵著『日英交通史之研究』（内外出版印刷）
会沢安著、塚本勝義訳注『新論・迪彝篇』（岩波文庫）
浅野陽吉著『十志士の面影』（筑後郷土研究会）
松尾正人著『廃藩置県』（中公新書）
成田龍一著『日本近現代史④ 大正デモクラシー』（岩波新書）
有馬学著「大正デモクラシー論の現在 ――民主化・社会化・国民化」（『日本歴史第700号』所収 吉川弘文館）
宮地正人著『日露戦後政治史の研究』（東京大学出版会）

青春新書
INTELLIGENCE

こころ涌き立つ「知」の冒険

いまを生きる

"青春新書"は昭和三一年に——若い日に常にあなたの心の友として、その糧となり実になる多様な知恵が、生きる指標として勇気と力になり、すぐに役立つ——をモットーに創刊された。

そして昭和三八年、新しい時代の気運の中で、新書"プレイブックス"にその役目のバトンを渡した。「人生を自由自在に活動《プレイ》する」のキャッチコピーのもと——すべてのうっ積を吹きとばし、自由闊達な活動力を培養し、勇気と自信を生み出す最も楽しいシリーズ——となった。

いまや、私たちはバブル経済崩壊後の混沌とした価値観のただ中にいる。その価値観は常に未曾有の変貌を見せ、社会は少子高齢化し、地球規模の環境問題等は解決の兆しを見せない。私たちはあらゆる不安と懐疑に対峙している。

本シリーズ"青春新書インテリジェンス"はまさに、この時代の欲求によってプレイブックスから分化・刊行された。それは即ち、「心の中に自らの青春の輝きを失わない旺盛な知力、活力への欲求」に他ならない。応えるべきキャッチコピーは「こころ涌き立つ"知"の冒険」である。

予測のつかない時代にあって、一人ひとりの足元を照らし出すシリーズでありたいと願う。青春出版社は本年創業五〇周年を迎えた。これはひとえに長年に亘る多くの読者の熱いご支持の賜物である。社員一同深く感謝し、より一層世の中に希望と勇気の明るい光を放つ書籍を出版すべく、鋭意志すものである。

平成一七年　　刊行者　小澤源太郎

著者紹介
河合　敦〈かわい　あつし〉
歴史研究家・歴史作家・多摩大学客員教授、早稲田大学非常勤講師。
1965年、東京都生まれ。青山学院大学文学部史学科卒業。早稲田大学大学院博士課程単位取得満期退学。歴史書籍の執筆、監修のほか、講演やテレビ出演も精力的にこなす。
近著に『繰り返す日本史』(青春新書インテリジェンス)、『最強の教訓！日本史』(PHP文庫)、『渋沢栄一と岩崎弥太郎』(幻冬舎新書)など多数。

教科書《きょうかしょ》の常識《じょうしき》がくつがえる！
最新《さいしん》の日本史《にほんし》
青春新書
INTELLIGENCE

2021年5月15日　第1刷

著　者　河合《かわい》　敦《あつし》

発行者　小澤源太郎

責任編集　株式会社プライム涌光
電話　編集部　03(3203)2850

発行所　東京都新宿区若松町12番1号 〒162-0056　株式会社青春出版社
電話　営業部　03(3207)1916　振替番号　00190-7-98602

印刷・中央精版印刷　製本・ナショナル製本

ISBN978-4-413-04618-3

こころ涌き立つ「知」の冒険！

青春新書
INTELLIGENCE

PI·602	弘兼流 やめる！ 生き方	弘兼憲史
PI·603	会社を離れても仕事が途切れない7つのツボ	伊藤賀一
PI·604	ウイルスに強くなる「粘膜免疫力」	溝口 徹
PI·605	「人の名前が出てこない」だけではなかった 認知症グレーゾーン	朝田 隆
PI·606	心と体の免疫力を高める「1日5分」の習慣 感情を〝毒〟にしないコツ	大平哲也
PI·607	あの神様の由来と特徴がよくわかる 日本の神様の「家系図」	戸部民夫
PI·608	英会話 言わなきゃよかったこの単語	デイビッド・セイン
PI·609	脳科学者が教える「ストレスフリー」な脳の習慣	有田秀穂
PI·610	ボケたくなければ「奥歯」は抜くな	山本龍生
PI·611	行き詰まりを抜け出す77の名言・名演説 リーダーとは「言葉」である	向谷匡史
PI·612	自衛隊メンタル教官が教える 心をリセットする技術	下園壮太
PI·613	「エビデンス《科学的根拠》」の落とし穴	松村むつみ
PI·614	自分で考えて動く部下が育つすごい質問30	大塚 寿
PI·615	腸からインスリン・スイッチをオンにする生活習慣 血糖値は「腸」で下がる	森 豊 松生恒夫
PI·616	1日5分！ 世界標準の全身ビルドアップ術 最速で体が変わる「尻《しり》」筋トレ	弘田雄士
PI·617	〝スカノミクス〟に蝕《むしば》まれる日本経済	浜 矩子
PI·618	教科書の常識がくつがえる！ 最新の日本史	河合 敦
PI·619	ビジネスが広がるクラブハウス	武井一巳
PI·620	語源×図解 くらべて覚える英単語	清水建二

※以下続刊

お願い ページわりの関係からここでは一部の既刊本しか掲載してありません。折り込みの出版案内もご参考にご覧ください。